入管収容施設

スウェーデン、オーストリア、
連合王国、そして日本

入管問題調査会=編

現代人文社

はじめに

　2001年9月11日、世界を震撼させる大事件が起きた。アメリカの同時多発テロである。この史上最悪のテロ事件は、長い冷戦の時代を終えようやく対話の時代に向かおうとしていた世界を、一気に過去に引き戻した。アメリカをナショナリズムが席巻し、戦争を容認した。そして、それに歩調を合わせた日本政府は、自衛隊派遣や外国人の取締り強化を打ち出し、アフガニスタンから来た難民申請者までテロ関係者と疑って入管に収容した。

　不信が世界を支配した。

＊

　1994年、相次いで明らかになった入管収容施設内での暴行や死亡事件をきっかけに、私たちは、入管問題調査会を作った。そして96年、入管収容施設における実態をまとめて『密室の人権侵害——入国管理局収容施設の実態』を出版した。

　あれから5年、私たちの指摘した問題点は改善されたのだろうか。残念ながら、答えはNOである。改善が不十分というより、ほとんど変化していない。それは、日本の制度運用が、被収容者である外国人を自分と同じ人間としてではなく、管理の対象としてしかみないという根本的な問題を抱えているからである。

＊

　昨年（2000年）秋、これまで日本の調査に終始していた私たちは、はじめて海外の制度や運用を見てこようということになった。もちろん、これまでにも留学した人などから話は聞いていたが、他の国が外国人に対していったいどのような対応をしているのか、自らの目で確かめたくなったのだ。あまりにも変わらない日本の入管にうんざりしていたのかもしれない。

　そして、オーストリア班は2000年8月22日〜8月25日に、イギリス班は8月27日〜8月31日に、スウェーデン班は2000年8月28日〜9月1日に、3班に分かれて海外視察を行った。

＊

　海外に行ってみて、まず私たちを驚かせたのは、収容施設というにはあまりにも自由な空気であった。人と人との対話がそこにはあった。

　私たちが今回、視察した範囲では、日本のように「全件収容」を原則としている

国などなかった。どこでも、収容が人の自由を奪う非人道的な行為であることをきちんと理解されており、不必要・不適切な収容が行われないよう、細かい規定が設けられていた。さらに、その担保として、どの国にも共通して、NGOなどの外部の目が入っていた。

とくにスウェーデンは、原則が非収容で、日本とは完全に逆であった。それでも大きな問題など起きてはいないというのである。

このようなシステムが現に存在し、成り立っていることを知ってほしい。私たちは、その思いから、この報告書をまとめることにした。

今回の私たちの報告は、まだまだ十分なものとはいえないかもしれない。しかし、世界には、私たちが常識と思っていたものとはまったく違った考え方ややり方が通用していることを知っていただくだけでもいい。このつたない報告書が、これまでの日本政府の方針である全件収容主義に少しでも風穴を明ける嚆矢となれれば幸いである。

＊

最後に、この海外視察では、たいへん多くの方にお世話になった。心より感謝の意を表したい。

まずは、オーストリア視察班の全般的なお世話をしてくださった海外日本人連絡協議会のYuri Ciperleさん、通訳をお願いした伊藤健さん、SSDのMichael Bergerさん。イギリス訪問のコーディネーションでお世話になった研究者の佐藤以久子さん、突然の訪問にもかかわらず収容所周辺を案内してくださったCampaign Against CampsfieldのBill MacKeithさん、Refugee CouncilのRichard Lumleyさん。スウェーデンでコーディネートと案内をしてくださったCARITASのGerge JosephさんとFARRのMichael Williamsさん。Michaelさんにはその後、ご多忙ななか日本にもお出でいただき、講演までしていただいた。さらに、現地でお世話になった入管の職員の方々やNGOの方々、たいへん多くの海外の方のご協力によって、本書は完成した。

不信は破滅しかもたらさないが、信頼は新たな創造につながる。私たちは今、まさにそう実感しているところである。

2001年11月
入管問題調査会

入管収容施設
スウェーデン、オーストリア、連合王国、そして日本

目次

はじめに　2

日本の現状

密室の人権侵害──日本の入管収容施設　高橋 徹　9

上陸拒否時の身体拘束
──「上陸防止施設」とその周辺の実情　関 聡介　26

スウェーデン

スウェーデンの入管制度　鬼束忠則　37

外国人収容施設と政策　秋本陽子　52

オーストリア

オーストリアの外国人法と日本の入管法
──身体拘束制度を中心とする比較　大橋 毅　71

入管収容施設とNGOの活動　木村 壮　82

連合王国

連合王国の法制度　児玉晃一　　101

連合王国移民法上の収容施設　星野裕子　　124

ヨーロッパから何を学ぶか

非収容へ向けて──国境を超えるNGOの可能性　星野裕子　　135

日本の入管行政の改善のために──日本政府の見解と取組み　高橋徹　　141

資料
難民申請者の収容に関する方針説明書（1996年）　ECRE　　161
外国人に関連する法に基づいて収容された外国人（1997年）　CPT　　162
難民申請者の収容に関する適用可能な基準と規範についての
　　UNHCRガイドライン（1999年）　UNHCR　　166

日本の現状

密室の人権侵害
日本の入管収容施設

高橋 徹

はじめに

　1980年代の後半から、主として東南アジア、中東、ラテンアメリカ、アフリカ諸国から観光ビザなどで来日し、そのままビザの期限を越えて働き続ける人が増え始めた。その数は入管統計上でも、1992年には30万人近くまでに及んでいる。その後の長期の不況を背景に若干減少傾向にあるが、現在でも超過滞在者は入管統計上およそ23万人いる（2001年1月現在）。その後入国審査の強化とともに、正規の手続をせずに入国してくる人も増加しており、現在在留資格を持たずに日本国内にとどまっている人の実数はわからない。通称バブル経済といわれる未曾有の好景気に終止符を打ったのは1992年。この頃から入管、警察は一体となって在留資格のない外国人の摘発を強化した。92年から94年にかけて、日本の入管収容施設はまさに戦場のようであった。このようななかで、収容施設内での人権侵害が社会問題となり、今日に至っている。

　また92年頃から、日本での難民申請者の数も年を追うごとに増加している。日本の入管のとる全件収容主義の建前からいえば、難民申請者は、申請の時点で在留資格がなければ、いつでも入管の収容施設に収容される可能性をもっている。多くの場合、最初の審査で難民認定が不認定の結果が出ると直ちに収容されることが多い。そして多くの場合、申請者は異議申立をするので、ここから無期限・長期収

表1：年間収容延べ人数（1999年、入管統計）

国籍	収容人数
韓国・朝鮮	42,651人
中国	232,532人
フィリピン	40,767人
タイ	39,412人
パキスタン	11,127人
バングラディッシュ	14,503人
その他	102,869人
合計	483,861人

※延べ人数とは、たとえば、ある人1人が10日間収容されたとすると「延べ10人」ということになる。日本国家が抱え込んだ負担と見ることもできる。つまり、収容にかかる経費を計算するときに便利である。また社会的損失の計算もできるだろう。たとえば、この人たちが日当いくらで働いたら、日本経済はどれぐらい潤ったか、という計算もできるかもしれない。

容が始まることになる。入管施設の劣悪な処遇は収容中の難民申請者にとっては深刻である。

　入管問題調査会では、94年から99年にかけて、100人を超える被収容体験者からの聞き取り調査を行ってきた。また、マスコミで報道された事例、弁護士、難民支援者・団体、外国人支援者・団体から私たちに寄せられた報告、国会議員の質問に答えた政府見解などをもとに、以下入管収容施設の抱える問題点を整理しておきたい。現場の細部の運用は絶えず変化するし、施設ごとに運用の差があることを前提に、以下をお読みいただきたい。

外国人の収容に関する問題

収容施設内での暴力的取扱い

　入管の収容施設内での暴力的処遇が社会問題になったのは、1994年前後である。この年に、取調べの過程や収容中に入管職員が外国人に暴行を行ったとする3つの事件（アムジャディさん暴行事件〔1993年5月〕、ソンさん暴行事件〔1994年6月〕、タオさん殴打事件〔1994年11月〕）がマスコミにも注目された。それに続き元入管職員が内部告発（1994年12月）により、収容施設内での暴力的処遇が日常的なものであることを証言した。

　入管内職員によってシャワー中のぞかれたり、女性被収容者が体を触られるなどの性的嫌がらせや、さらにはレイプなどの証言は以前から存在した。

> 【入管出張所長を強制わいせつで逮捕】
> 　在留期間の更新手続きに訪れたフィリピン人女性の胸などを触ったとして、青森県警八戸署は12日、強制わいせつ容疑で同県八戸市白銀町、仙台入国管理局八戸港出張所長佐々木薫容疑者（51）を逮捕した。調べによると、佐々木容疑者は12日午前9時半ごろ、同出張所で20代のフィリピン人女性＝同県十和田市＝の胸や腹を触った疑い。佐々木容疑者は容疑を認めているという。（時事通信社2001年11月12日付配信）

　法務省入国管理局側は、このような職員による、被収容者への暴力的取扱いに

ついては、表向きは否定し続けている。しかし、マスコミや、外国人支援団体、難民支援団体、ならびに弁護士の関心が入管の収容施設の処遇に向けられるにつれて、それなりの内部努力の跡も見られ、暴行事件そのものは94年以前よりは少なくなっている。たとえば、東京入管は1997年3月19日、収容中の外国人女性の体を触るなどしていたとして、同局横浜支局の男性入国警備官を同日付で懲戒免職処分にするとともに、地検に告発している。

　一方で、東京入国管理局第2庁舎で97年に「ミールさん不審死事件」（本書22頁参照）が発生している。この国家賠償請求裁判の過程では、職員の被収容者への限度を超えた暴力的取扱いが明らかになっている。また私たちの聞き取り調査でも、収容施設によって差があり、暴力的取扱いが日常化していると思われる収容施設も存在している。また最も新しい事件としては、西日本入国管理センター内でセクハラや暴行を受けたとして2001年8月ウガンダ人が国家賠償請求を起こしている。

　いくら第三者の関心が向いても、基本的に入管の密室性は解決していない。つまり暴力的な処遇の土壌は決して消えていないし、いつでも事件が発生する可能性を現在の入管収容施設は秘めている。

摘発、収容

　私たちの聞き取った証言では、収容令書、逮捕状、臨検・捜索令状等が呈示されない身体拘束やアパートの捜査がほとんどであった。荷物をまとめるなどの帰国の準備時間はほとんど与えられていない。摘発時、身体拘束時に第一言語（その人が最も理解できる言語）の適切な通訳を同行させていたとの証言は、ほとんどない。

　また日本の入管は「全件収容主義（収容前置主義）」をとっているため、個別の事情を考慮しない。逃亡のおそれのない者、すぐに帰国させる見通しの立たない者、収容に適さない者（乳幼児、子ども、老人、妊婦、病人、労災治療中、難民申請者、裁判で係争中の者）なども収容することが原則であり、基本的にそのように運用している。

入国拒否

　入国審査段階での問題は、とくに難民申請者に重くのしかかっている。難民申

請を希望する者や、不本意な入国拒否をされた者の異議申立、弁護士選任権が保障されていない。弁護士の派遣体制も存在していない。

　入国審査、あるいは審査後の警備会社の職員による暴力的取扱い、金せびり（恐喝）などについての証言もある。また警備会社だけでなく、入国審査時に入管の職員等から暴力的に取り扱われたとの証言もある。上陸防止施設と呼ばれる施設に長期収容されたとの証言もある。また収容の費用を法外に請求されたとの証言もある。上陸防止施設については本書31頁以下を参照。

無期限・長期収容を可能にしている法的システム

　収容は収容令書をもって行われるというのが「出入国管理および難民認定法

表2：収容施設・収容期間別被収容者人数　(2001年6月27日現在)

収容期間	東日本入国管理センター	西日本入国管理センター	大村入国管理センター	東京入国管理局（第2庁舎）
1日以上10日未満	74	85	85	254
10日以上50日未満	152	125	154	173
50日以上100日未満	26	14	9	17
100日以上150日未満	11	6	19	3
150日以上200日未満	9	3	1	4
200日以上250日未満	12			2
250日以上300日未満	6			
300日以上350日未満	5	3	1	
350日以上400日未満	2	1		
400日以上450日未満	2	2		
450日以上500日未満		1		
500日以上550日未満				
550日以上600日未満				
600日以上650日未満				
650日以上700日未満	2			
700日以上750日未満				
750日以上800日未満				
800日以上850日未満	1			
合計	302	240	269	453

※収容期間はその施設の収容期間を示しており、いくつかの施設をたらい回しになっている場合、総収容期間ではない。北川れん子衆議院議員の質問主意書に対する政府回答より作成。

（以下、入管法）」上の建前である。収容令書によって収容できる期間は30日間を上限とすること、さらに30日間延長できることが定められている。裁判官による令状審査を受ける刑事事件の逮捕＋起訴前勾留でさえも最長23日間であることを考えると、60日間でさえ異常に長い期間といえる。しかしいったん退去強制令書が発付されると、退去強制令書による収容には収容期間の上限が定められておらず、無期限の長期収容が可能となってしまう。さまざまな事情で送還できない、あるいはせずに留め置かれる被収容者が出てくることとなる。収容令書による収容に期限を付して、収容を最小限にとどめようとした法の趣旨が、実態として機能していない。在留特別許可を申請しているもの、難民申請を希望する者、国籍を持たない者、なんらかの理由により書類が整わない者、帰国費用が捻出できない者。彼・彼女らは、場合によっては半年、1年、2年と収容されることもある。期限の定まらない収容ほど人を追いつめる拷問はないだろう。とくに難民の場合は、祖国へ送還される恐怖とも、いつも隣り合わせである。

【難民申請者長期収容にハンストで抗議】

2001年3月19日から5月31日にかけて、クルド人男性難民申請者が、茨城県牛久市にある入国者収容所東日本入国管理センター内でハンストを続けた。彼は98年に超過滞在で警察に逮捕され、99年4月から同センターに収容されている。ハンストは、①クルド人への人権抑圧、②絶えず収容や強制退去の不安を抱えながら手続を進行せざるをえない日本の難民制度、③入管施設への長期収容、④入管施設内の被収容者に対する人権や配慮の欠落などに抗議するものであった。彼以外にも4人のクルド人やガーナ人も賛同して、ハンガーストライキを行った。

施設内での自殺・自殺未遂

施設内で「自殺未遂をした」、「同室の者が自殺を目撃した」との記録が複数残されている。実数は公表されていないが、「自殺者（未遂も含む）が意外に多い」と語る関係者もいる。いつ出られるともわからない長期に及ぶ無期限収容や、難民認定の可能性が閉ざされ、祖国に帰される恐怖から、自殺という手段に出る収容者がいても不思議ではないシステムになっていることはたしかだ。

自殺や自殺未遂の事例は、過去に新聞報道されたものもあるが、以下に最近の事例から2例を紹介しておく。

【送還先の決まらないベトナム人が自殺】

　大阪府茨木市の「西日本入国管理センター」に収容されていたベトナム人男性が首つり自殺をしていたことが7日、分かった。男性は入管法違反（オーバーステイ）で退去強制処分を受け、今年6月から同センターに収容されていたが、送還先が決まらず悩んでいたという。関係者によると、ベトナム人男性は10月30日深夜、1人部屋の窓の鉄格子に寝具用のシーツをかけ、首つり自殺を図った。巡回職員が発見し病院に運んだが、間もなく死亡した。同センターの中田昭道次長は、「監視体制は十分にとっていた。あってはならない事故で遺憾」と話した。（毎日新聞2001年11月7日付夕刊）

【難民申請中のアフガニスタン人が自殺未遂】

　難民認定申請中に収容されたのは不当だと訴えたものの、東京地裁で退けられたアフガニスタン国籍の1人が自殺を図ったことが16日わかった。命に別条はないという。弁護団などによると、自殺を図ったのは20代後半のハザラ人男性。東京都北区の東京入国管理局第2庁舎にある収容場の雑居房で14日午前、20錠前後の頭痛薬とせっけんを飲んだ。異状に気づいた警備官が水を飲ませるなどの応急手当てをした。同日夕に接見した弁護士に「ここでは人間として扱ってもらえない。何を言っても信用してもらえない」と訴えた。この男性は、タリバーンから足に銃撃を受けるなど迫害を受けたといい、「助けてもらおうと思って日本に来たのに収容された」と嘆いている。弁護団は、この男性を含むアフガン人4人の収容を解かなかった地裁決定を不服として東京高裁に抗告しており、こうした経緯をまとめた報告書を同高裁に提出した。同入管は「日ごろから事故のないようにしており、特段の落ち度はなかった」としている。（朝日新聞2001年11月16日付朝刊）

子どもの収容

　1990年から1996年頃にかけて、中国残留邦人とその家族の入国が目立ち始め

た。そして、その日系性を疑われて退去強制される家族も増加していった。中国残留邦人の戸籍を利用した「不法入国」ないしは「不法上陸」であり、適法な在留資格は最初からなかったというのが当局側の見方である。こうして入国した人の多くは家族ぐるみでの入国であったため、退去強制にあたっては、子どももろとも身体拘束され、収容された。その結果、に1999～2000年にかけて子どもの収容が社会問題となった。また、中国籍にかぎらず、家族とともに入国し、超過滞在

表3：入国管理局に収容された子どもの数（年齢別、20歳未満）

年齢	1999年収容人数	2000年上半期収容人数
5歳未満	104人	36人（13人）
5歳以上10歳未満	40人	17人（4人）
10歳以上15歳未満	35人	14人（5人）
15歳以上	379人	97人（1人）
合計	558人	164人（23人）

※カッコ内は入管側から児童相談所に一時保護を依頼した人数。内数とはかぎらない。

表4：入国管理局に収容された子どもの数
（収容期間別、20歳未満）

収容期間別	1999年収容人数	2000年上半期収容人数
1日以上10日未満	277人	110人
10日以上50日未満	162人	44人
50日以上100日未満	77人	8人
100日以上150日未満	31人	2人
150日以上200日未満	11人	0人
合計	558人	164人

※児童相談所での滞在日数は含まない。

の状態で日本に在留し続けている子どもが、親とともに身体拘束され、退去強制される事例も少なくない。2000年8月には神奈川でも定時制高校に通っていたペルー人高校生が、働いていた職場の未払い賃金を抱えたまま、いきなり摘発にあい、9月には退去強制された。

現在までに次のような問題点が指摘されている。

①いきなりの摘発で、家族、とりわけ子どもたちになんの準備期間も与えられていない。

②当局から学校への連絡はなく、教育現場では「突然子どもの姿が消え」ても、その理由を知らずに何カ月も「行方不明」状態となる。

③入国管理局の職員は、摘発時に通訳を同行させていない場合が多い。そのため、摘発時に日本語を習得していない親のために、子どもが通訳として使われることがある。つまり摘発、身体拘束の理由を子どもの口から語らせる。

④子ども本人に与える影響ばかりでなく、クラスメートの日本人生徒に対する教育

上の問題も見過ごすことはできない。背景事情を十分知らない担任から、昨日までいたクラスメートを「犯罪者」として説明する場合もあるだろう。

⑤働きながら学校に通っていた者が、未払い賃金を放置したまま身体拘束され、退去強制されることがある。

このような事態に憂慮した大阪の「とよなか国際交流協会」では、1999年12月、「全ての子どもの発達と教育を受ける権利を守るためのネットワーク」を提起し、賛同を呼びかけた。その結果11,380名分の賛同署名と123団体の後援を得た。そして同ネットワークで、入管当局をはじめ法務省、厚生省、文部省、外務省などの関係省庁への働きかけを行ってきた。

2000年3月7日、福島瑞穂参議院議員は「外国人の収容に関する質問主意書」において、次のように指摘した。

「（このような事態は）日本が批准するいわゆる『子どもの権利条約』の各規定に違反するものである。……さらに、第37条bに、『……子どもの逮捕、抑留又は拘禁は、法律に従うものとし、最後の手段として、かつもっとも短い適当な期間でのみ用いられる』と規定し、子どもの自由の拘束は『最後の手段』で、かつ『もっとも短い期間』である場合のみ許容されることを明らかにし、同条cに『自由を奪われたすべての子どもは、人道的におよび人間の固有の尊厳を尊重して取り扱われ、かつその年齢に基づくニーズを考慮した方法で取り扱われる。特に、自由を奪われたすべての子どもは、子どもの最善の利益に従えば成人から分離すべきでないと判断される場合を除き、成人から分離されるとし、かつ特別の事情のある場合を除き、通信および面会によって家族との接触を保つ権利を有する』と規定し、人道的な、かつその尊厳を尊重した身体拘束時の取扱いを求め、かつ成人（家族を除く）からの原則分離を求めている。

以上の子どもの権利条約の諸規定からすると、現在入国管理局が行っている子どもの収容は、それが、『最後の手段』ではないこと、長期間に及んでいること、成人との同室収容が行われ、かつ場合により家族から分離されていること、処遇環境が劣悪であり子どもの尊厳を尊重しているとはといていいえないことなどから、『子どもの最善の利益が第一次的に考慮』されているとは言えず、その権利を侵害していると言わなければならない」。

これに対し、政府は苦しまぎれに次のような回答している。

「児童の権利に関する条約（平成6年条約第2号。以下「条約」という。）第37

条(b)に規定する『逮捕、抑留又は拘禁』とは、刑罰法規に違反したことを理由として自由をはく奪することを指していると解され、入国者収容所等に収容することはこれには含まれないと解される。……なお、条約第37条(c)に規定する『自由を奪われたすべての児童』とは、刑罰法規に違反したことを理由として自由をはく奪された児童を指していると解され、入国者収容所等に収容された児童はこれには含まれないと解される」。

子どもの権利条約の主旨をまったく理解しようとしていないとしか言いようがない。

その後、2000年4月以降は、いくつかの事例では子どもを親と分離し、児童相談所に一時保護の要請をするなど若干の対応の変化が見られるが、根本的な改善にはとうてい至っていない。

施設内処遇一般の問題点

収容所管理に貫かれている思想は「極端に形式的な平等主義」で、被収容者の個別の事情を斟酌する裁量が現場警備官に与えられていない。また、入管側に被収容者の権利を保障しようとする意識はなく、「許可するかしないか」だけが問題となっている。

また被収容者が職員(警備官)になにか要求したり申請しようとすると、「オーバーステイには何の権利もないんだ」と繰り返し突っぱねられることも少なくない。現場警備官にも、精一杯人間的に被収容者と接しようと心がけている人もいれば、残念ながら、人権意識に乏しく被収容者を人間扱いしない人もいるだろう。収容体験者の声は、後者の職員が少なからずいることを伝えている。

外部交通権
帰国費用の確保の目的以外の外部交通を基本的に認めない。外部へ直接電話をすることは基本的に認めていない施設がほとんどである。職員に伝言を託して電話してもらう。事情によっては直接電話口に出ることを認められることもあるが、稀である。

手紙は原則的に認められているはずだが、運用上認められていないケースも少なくない。たとえば、手紙を出すために必要な申請用紙を渡さない。「忙しいから後

表5：1999年の外部交通取扱い・実行件数 (各施設1年間合計)

	取扱い件数	実行件数	1人あたりの回数
通信（通信文）	53,210件	53,187件	0.12
通話（電話）	24,096件	23,499件	0.049

で」と言われ申請用紙を受け取らない。収容所内の処遇について手紙に書くと検閲で許可されない。1～2カ月前に出したはずの手紙を、なんの説明もなしに帰国時に返却されたという例すらある。

2001年6月26日、北川れん子衆議院議員が提出した「出入国管理および難民認定法における退去強制手続に関する質問主意書」に対して、入管収容中の者からの通信希望件数とその可否の内訳として、表5のような数字が回答された（ただし、1人あたりの回数は筆者が計算したもの）。なお通話件数は、1件につき複数回の通話を行う場合があり、取扱い件数と通話件数は必ずしも一致しない。

これを1999年の「延べ収容人数」（483,861人）で除した値、つまり被収容者1人あたり、1日あたりの実施件数を記しておく。

電話については、「100日間の収容中に4回（件）しか電話がかけられなかった」という数値である。しかも、この回答された数字は、実際に本人が通話できたものと、職員に伝言を頼んでかけてもらったものとの区別がない数字である。私たちの聞き取りでは、本人に電話をかけさせることは少なく、多くは伝言で済ませていることから考えると、直接電話口で話すことができた件数は、これらの数字の半分以下であると思われる。

また当然のことながら、この「取扱い件数」のなかには、「忙しいからあとで」といって申請用紙を渡さなかったり、記入済みの申請用紙を受け取らなかったりした件数は含まれていない。「電話をかける権利はあるはずだと何度も訴えたが、なかなか取り合ってもらえなかった」という被収容体験者の証言は決して少なくない。

施設内での通訳体制の問題

多言語に対応できる職員が施設内に少なすぎる。取調べ（違反調査等）を第一言語で行わない場合が多い。たとえば、母国の大使館へ連絡する権利などの権利告知がされない。収容施設内の管理をしている警備官に通訳体制がない。そのため、さまざまな申請、要求を出すことに困難が伴う。言葉が通じないのでどう訴えて

よいかわからず、帰国まで歯痛を我慢し続けた被収容者もいた。

医療

入所時の健康問診が、きちんと担当医師のところに伝わっているかどうか疑問である。拘置所などで通院、治療・投薬中だった者が入管に移された場合、その健康面・医療面の引継ぎ事項が入管の収容中まったく生かされてなかったとの証言もある（後述の中国人女性于さんの事例）。

また多くの証言では、収容中体調が不良で、医者の診察・治療を受けたいと思っても、手続（医師に診てもらいたい旨の申請用紙を記入・提出し許可を受ける）に時間がかかり、治療が遅れるという。

診療に際して通訳体制が整っている施設は現在のところはない。そのため、医師の治療が不適切であったり、自分で持ち込んだ薬が使用できないといった問題が起きている。

また、収容管理にあたっている警備官に救急救命医療の基礎知識がなく、精神医療に対するケアの体制がないなどの問題もある。

外部の医療へのアクセスは厳しく制限されており、要請してもなかなか対応してくれず、手当が遅れることがままあるようだ。また、後述の「于さんの事例」のように、「お金を払わないと（医療費を負担しないと）医者には連れていけないよ」と言われたとの証言もある。

外部の医師への診療・治療にあたっては、手錠をつけたままで行われるのが基本のようである。外部の病院に行き、診察中も手錠を外そうとしなかったが、医師が注意してようやく手錠を外したという証言もある。

「私はスペイン語が母語だが、ポルトガル語の質問用紙が渡された。私はアレルギー性鼻炎を患っていたので、この用紙にそのことを記入した。収容後鼻炎で苦しみ、2週間後にやっと医師の診察を受けさせてもらった。通訳はいなかったので、日本語でアレルギー性鼻炎のことを説明しようとした。医者はどこが痛いかと聞くだけだった。他の診察はせず、しかも渡されたのはアスピリンだけだった」（96年9～11月西日本入国管理センター収容のペルー人男性の証言）。

北川れん子衆議院議員からの「収容施設で十分な診療が行いえない、あるいは診療不可能な病気等の診療について、どのような対応をしているか。また被収容者がよりいっそうの診療を求める場合は、どう対応しているのか。収容施設の行う診

療と自費診療ではどのような点において違いがあるか」との質問に対しては、「り病又は負傷した被収容者に対して医師による必要な診療を受けることを保障することは収容施設の長としての当然の責務であり、……医師が常駐していない収容施設においては、り病又は負傷した被収容者を必要に応じて外部の医療施設に連れて行くなどして診療を受けさせ、医師が常駐している収容施設においても、当該医師の専門又は設備等の制約により、当該医師又は施設では十分な対応ができない疾病等の診療については、外部の医療施設に連れて行くなどして専門医による診療を受けさせており、費用は国が負担している。また、被収容者が収容施設の提供する診療では十分ではないとして自費で外部の医師による診療を求める場合には、所長等は、収容施設に常駐する医師等の助言及び指導を受けて、その必要があれば処遇規則第40条に基づき入国警備官の看守の下に外出を許可し、専門医の診療を受けさせることとしている」と回答している。

　「充分な医療体制をとっておらず、結局、自費で医療を受けさせられる羽目になる」という声が聞こえてきそうだ。

権利へのアクセス

　収容施設内での心得や権利に関する説明が、入所時になされない。収容中に、法や権利に関する事項の情報を得ることができない。現在、入管法や被収容者処遇規則、処遇細則、国際人権規約などがいつでも第一言語で閲覧できるような体制になっている施設は皆無である。

生活

　居室やトイレシャワー室などの生活空間が不衛生だとの証言が多数ある。またシャワーの回数、使用時間が制限されており、私たちの聞き取りでは1週間に1回ないし2回で、1回あたりの使用時間は、職員からせかされ、5分～10分程度しか使用できないとの証言が圧倒的であった。またシャワーの使用は決められた時間以外の使用は許可されず、個別事情、たとえば女性は生理を理由にしたシャワーの使用が許可されない。

　運動ができないか、または制限されている。地方入管にある収容場では戸外での運動場をもっているところはない。法的に戸外の運動が位置づけられているにもかかわらず、その設備さえ整備されていない。また本来、長期の収容も可能なように

作られていて、戸外の運動場もあるはずの入国者収容所（全国3カ所、「大村入国管理センター」「西日本入国管理センター」「東日本入国管理センター」）でも、「運動させてもらえなかった」という証言がある。

「運動は、本来、中庭で週2回できることになっていた。運動のあとでシャワーを使う。10月には雨が続いて運動ができなかった。またある週は運動日がたまたま職員の休日にあたり、またその次の日も国民の休日であったため、運動がなく、したがってシャワーもなかった。またその次には運動日の曜日が変更となり、1回運動日を抜かされた。結局10月には1カ月近く、運動もシャワーもなかった。つまり運動の後でシャワーを使わせるので、運動ができないとシャワーまで使わせてもらえないのである。

結局、流し場での洗顔のみ許され、洗髪が禁じられた。たいへん不快な思いをさせられた」（前述のペルー人男性の証言）。

「シャワーについては、5日間に1回、しかも10分間しか使わせてもらえなかった。女性だから生理になる。そんなときはどうしても清潔にしておきたい。生理中のシャワーの使用をお願いしたが、決められた日・時間以外の使用は認めてもらえなかった。自分の収容生活の中で最も不快だったのは、このシャワーの回数と、1回の使用時間が短すぎることだった」（95年9〜10月収容のタイ人女性の証言）。

ちなみに、北川議員からのシャワーの使用状況についての質問に対し、政府は「お尋ねの入浴については、処遇規則第29条に、『所長等は、被収容者の衛生に留意し、適宜入浴させるほか、清掃及び消毒を励行し、食器及び寝具等についても充分清潔を保持するように努めなければならない。』と規定されていることに基づき、各収容施設において、1週間に2回以上入浴する機会を与えることとしており、1人1回当たりの入浴時間は10分間から20分間程度である」と回答しているが、私たちの調査によれば、20分間シャワーを使わせてくれたという証言は皆無である。

運動については、同じく北川議員からの質問に対して、「お尋ねの各収容施設における被収容者の運動については、入管法第61条の7第6項に基づき定められた被収容者処遇規則第28条に、『所長等は、被収容者に毎日戸外の適当な場所で運動する機会を与えなければならない。ただし、荒天のとき又は収容所等の保安上若しくは衛生上支障があると認めるときは、この限りでない。』と規定されているところ、収容所等の所長等は、保安上の支障から毎日戸外の適当な場所で運動する機会を与えることは困難であるものの、被収容者に対し極力運動の機会を与える配慮

をしている。具体的には、入国者収容所においては、戸外の運動場において、1週間に3回から5回程度、1回当たり30分間から40分間程度の運動の機会を与えているほか、1週間に2回から7回程度、時間と行動区域を限定して居室から出ることを認め、施設内の多目的ホールで他の居室の者と卓球などの軽い運動をするなどの機会を与えるいわゆる開放処遇を実施している。また、地方入国管理局においては、構造上戸外の運動場がない施設を除き、1週間に2回から5回程度、1回当たり15分間から30分間程度の運動の機会を与えており、構造上戸外の運動場がない施設では、早期に退去強制できる見込みがない者について、極力入国者収容所に移して運動の機会を与える配慮をしている」と自ら法に定められた運用を行っていないことを認める回答をしている。

隔離室の使用

隔離室とは、刑務所などで「保護房」などと呼ばれている房と、同じ目的と似たような構造をもつ部屋である。3畳にも満たない狭い部屋で、24時間の監視に置かれる。トイレや流しは床に埋め込まれていて、部屋には出っ張ったところがない。出っ張ったところに体を打ちつけたりしないような構造になっている。ここではトイレの水さえ自分で流せない。職員が外からペタルを踏んで水を流す仕掛けになっている。トイレットペーパーさえない。用を足したらそのままでいるしかなかった、と語る人もいる。自殺や自損行為のおそれのある者や、職員に反抗したり、他の被収容者をあおったりそそのかしたりした者などを入れておく目的の房である。いずれの場合も、ただ縄で縛りつけたり、手錠をしたまま放置するだけで、精神的なケアに配慮した処遇はなされない。私たちの聞き取った事例のなかにも、明らかに精神科領域のケアが必要であるにもかかわらず、隔離室に縛り上げられ放置されたままにされているケースがあった。

また、軽微な規則違反に大きな罰を与える懲罰房としての使用が問題となっている。1993年5月、イラン人男性のアムジャディさんとナビディさんは、取調室で暴行を受けた後、ここに全裸で放り込まれた。そのときアムジャディさんはすでに職員の執拗な暴行で腰の骨を砕かれていた。その際ナビディさんは、手錠で隔離室の鉄格子に吊された。

【ミールさん不審死事件】

　隔離室がどのようなかたちで利用されるか、裁判での入管職員の証言から明らかになった事例を以下に紹介する。

　97年8月に東京入管第2庁舎で、イラン人男性が突然死亡するという事件が発生した。これについては事件直後に赤羽警察署が捜査し、傷害致死容疑で入管職員8名を送検したが、東京地検は不起訴処分にした。入管側は「深夜居室でライターを使用した件でミールさんを説諭した際、自分で後頭部を床に打ちつけた」と説明している。その死体の写真が撮られているが、体には無数の痣や傷跡があり、手足などには縛られた縄や手錠の跡が生々しく残っていて、拷問のすさまじさを物語っている。亡くなったミールさんの遺族によって98年10月、国家賠償を求めて訴訟され、現在係争中である。

　2000年1月25日および3月21日に行われた裁判では、現場に居合わせた入管職員への尋問が行われた。それらの証言などをもとにざっと整理すると、入管側（職員の証言）が主張する事件の経緯は以下のとおり。

　「職員らはライターの件を説諭するために、深夜ミールさんを居室から出し、別室に連れて行った。この件に立ち会っていた警備官は5人。別室で金属手錠を後ろ手にかけ、革手錠で固定し、足は捕縄で縛り付けた。足を縛った捕縄を手錠に回し、引き絞って、エビぞりにした。次に毛布でくるみ、その上から縄を掛け簀巻き状態にした。その状態で隔離室に連れて行き、横たえた。隔離室で上半身を起こそうとしたところ、ミールみずからのけぞって頭を打って死亡した」。

　この事件で不可解なのは、狭い隔離室に簀巻きにされたミールさんを囲んで5人の警備官がいたのに、誰ひとり彼が頭を打った瞬間を見ていないと主張している点である。

乳幼児、妊婦、病人の収容

　子ども（乳幼児）、妊婦、病人は収容すること自体が問題であるが、仮に収容するにしてもさまざまな問題を抱えている。子どもに長期収容を強いているケースもある。妊婦に対する適切なケアがなされない。医療へのアクセスが悪いことはすでに述べたとおり。

【名古屋入管の于さん事件】

　静岡の拘置所から名古屋入管に車で移送される。名古屋入管収容期間は1997年5月12日～6月18日まで。以下、于さんの証言から。

　私たちの入れられた雑居房は8畳か9畳以内の広さで、8人用の部屋だったと思う。私たちがいたときは、そこに12～13人収容された。母（73歳）と娘（0歳）と私の3人は一緒に入れられた。テレビもクーラーもついていなかった。5月だったが、非常に暑かった。居室には換気扇はついておらず窓も開けられなかった。私たちは1日中その部屋にいるしかなかった。居室の外に出ての運動は、基本的には認めてくれなかった。

　97年5月12日に静岡の拘置所から名古屋入管に移されたとき、名古屋入管に入ると私の目の前で拘置所の職員が入管の職員に対し、私の健康状態、日常服用している薬についての引き継ぎをしていた。さらに私は、自分の持病（バセドウ氏病）について入管の職員に説明し、医者の診断を受けたいこと、常時飲むことになっている薬が必要なことを入管の職員に伝えた。しかし「薬をください」と頼んでも、入管の職員は薬をくれなかった。収容場に来ている医師に「病気ではない、健康です」と言われ薬もくれなかった。症状が重くなっていった。5月28日まで薬を飲むことができなかった。

　娘の誕生日は5月なので、名古屋入管に収容されていたとき、ちょうど1歳の誕生日を迎えた。食事に離乳食はつけてくれなかった。差入れもしてもらえなかった。コップの中にごはんを入れ、ポットの熱いお湯を注ぎ、他のコップをふたにして、少し置いて柔らかくしてから食べさせた。ほかにはお菓子も何もないから、子どもはよく食べた。36日間、果物を食べたことはない。果物の差入れもできなかった。食事は弁当のようなものだった。子どものぶんの食事はなかった。おとなのぶんを分けるしかなかった。

　名古屋入管ではシャワーは1週間2回で、1回につき5分間しか認められなかった。子どもも同じだった。そのため名古屋入管に行ってから子どもの皮膚病がひどくなった。

　子どもはTシャツと紙おむつをつけているだけだった。子どもの皮膚病が悪化し、5月12日頃、首から膿が出た。収容所の職員は、皮膚病の治療はおろか、薬さえもくれなかった。1回だけ病院に行くことが認められたが、それ

は子どもが熱を出したときだった。担当のセンセイ（入管の職員）に「病院に連れて行ってほしいです」と頼んだ。「あなた、お金を出さないと連れて行けない（治療費を自分で負担しなければ連れて行けない）」と言われた。

帰国時の手錠の使用

収容経験者が口を揃えて言う言葉がある。

「強制送還される日、入管から飛行機の入口まで手錠をかけられた。手錠をした手はカバーをされていた。あまり人のいない入口から入れられたが、手錠をつけられたまま他の乗客の前を通ることになり、恥ずかしかった」。

手錠の使用は、「犯罪者として扱われた」と強く彼らに抱かせるもので、「犯罪者扱いしないでほしい」と訴える証言者も少なくない。

麻酔をかけての送還

1999年12月27日の新聞報道では、難民申請を認められなかったエチオピア人男性が11月8日、麻酔をかけられた状態で飛行機に乗せられたという事件が報告されている。彼は行政処分取消訴訟の準備をしている最中の送還であった。記事によれば「担当官は"ゴー・バック"と繰り返したという。押し問答が続き、もみ合いになった。手足を拘束具で縛られ、2回、太ももに何か注射されて意識が遠のいた」。

日本の現状を振り返って

以上、報告された事例や、記録した多くの証言をつなぎ合わせてみると、日本の入管施設や、その運用の抱えている深刻な問題がみえてくる。「否定的な面が強調されすぎている」とご批判される向きもあるかもしれないが、収容施設の運用実態が、相変わらず密室である以上、これが私たちの知りうるすべてである。口を揃えて訴える「元被収容者」の語る一言一言は、否定するにはあまりにも重いものである。

（たかはし・とおる）

上陸拒否時の身体拘束
「上陸防止施設」とその周辺の実情

関 聡介（弁護士）

はじめに

　日本の表玄関である成田空港で、外国人の目から見て入管職員と見分けがつかないような制服を着た警備会社職員によって、白昼堂々と暴行が行われていた——この衝撃的な事件は、2000年6月に発生した。観光目的で来日し、成田空港で上陸不許可とされて送還対象となった20歳代のチュニジア人男性2人が、送還のために入管から航空会社委託の警備会社社員に引き渡された後、その警備会社の事務所に連行され、殴るなどされたうえで警備料名目での600米ドルを強奪されたというのである。

　いわゆるオーバーステイの外国人等を対象とする退去強制手続やその過程での収容に関しては、これまでも暴行や違法な処遇が明らかとなった事件[1]や、帰国した外国人に対するNGOによる聞き取り調査が存在し、これらを通じてその実態がある程度明らかとなっていたが、上陸拒否されて送還を待つ外国人の処遇については、これまであまり注目を集めることがなかった。しかし、上記のチュニジア人の事件をきっかけに、当該警備会社内からも内部告発や証言が相次いだことにより、いままでヴェールに隠されてきた分野——上陸拒否された外国人の処遇や上陸防止施設と呼ばれる施設の実態が次々と明らかになるとともに、そこに存在する問題

---

[1] 退去強制手続の過程での入管収容場での暴行や不適切な処遇が明らかになった事例として、1994年6月29日深夜、大阪入管収容場で収容中の韓国人男性がやはり入管職員による「制圧」により右鼓室内出血、右耳介損傷等の傷害を負った事案につき国に損害賠償が命じられた事例（大阪高裁平成10年（ネ）1895号事件の1999年12月15日判決。公刊物未登載）、1994年11月1日、東京入管第2庁舎での違反調査中に中国人女性が入管職員から顔面等を殴打されて負傷した事案につき国が損害賠償金100万円を支払った事例（東京地裁平成6年（ワ）21570号事件。1996年7月5日に、国が損害賠償金100万円を支払うことで和解成立。毎日新聞同月6日朝刊報道等）等が、著名である。
[2] 上陸防止の義務としては、入管法59条・58条に「本邦に入る船舶等の長」に対して「有効な旅券又は乗員手帳を所持しない外国人がその船舶等に乗っていることを知ったとき」に「当該外国人が上陸することを防止しなければならない」義務が課されているが、本稿で略称する「上陸防止業務」はこれとは異なる。

点が浮き彫りになった。

　そこで、本稿では、上陸拒否された外国人が送還されるまでの手続（便宜上、「上陸防止業務」と称する[*2]にかかる問題点を洗い出すこととしたい。

「上陸防止業務」とは？

上陸拒否と退去命令

　成田空港等の出入国港に航空機または船舶で到着した外国人は、入国審査官に上陸の申請を行い、上陸審査を受けなければならない（出入国管理及び難民認定法〔以下「入管法」〕6条）。この審査の結果、上陸条件（入管法7条1項）に適合しないと判断された外国人は、特別審理官に引き渡され、口頭審理を受けることになる（入管法9条4項、10条）。口頭審理の結果、特別審理官によっても上陸条件に適合しないと認定され、その認定に服した場合には、特別審理官から退去命令が出されることになる（入管法10条9項）。他方、認定に不服であるとしてさらに法務大臣への異議申出をしたものの、異議申出に理由がない旨の裁決を法務大臣から受けた場合には、主任審査官から退去命令を受ける（入管法11条6項）[*3]（以上の一連の手続〔入管法6条〜12条〕を、以下、便宜上「上陸審査手続」と称する）。

　そして、以上の上陸審査手続の結果として上陸拒否となった外国人（以下、便宜上「上陸拒否外国人」[*4]と称する）が「乗ってきた船舶等の長又はその船舶等を運航する運送業者」（以下「運送業者等」）は、「当該外国人をその船舶等又は当該運送業者に属する他の船舶等により、その責任と費用で、速やかに本邦外の地域に送還しなければならない」（入管法59条1項）。

　ところで、上陸審査手続が終了して退去命令が出された場合、送還に用いる帰りの便（以下「送還便」）が出航（出港・出発）するまでの間、上陸拒否外国人を上陸させずに留めておくことが必要となる。そこで、たとえば、上陸審査手続が長引いて帰りの便が出航（出港）してしまった場合などで次の便が数日後であるようなときには、それまでの期間、誰がどこで上陸拒否外国人を上陸させないようにしながら

[*3]　特別審理官／主任審査官は、「……本邦からの退去を命ずるとともに、当該外国人が乗ってきた船舶等の長又はその船舶等を運航する運送業者のその旨を知らせなければならない」（入管法10条9項／11条6項）。
[*4]　成田空港においては、警備会社・航空会社により、上陸を禁止されたものという意味で「上禁者」という呼称が通常用いられているという。

留めておくのか、ということが実務上は大きな問題となる。この留め置きの業務こそが、本稿で問題とする「上陸防止業務」である。

従来の上陸防止業務とその問題点

　前記の上陸審査手続が終了して退去命令が出されると、通常は直ちに上陸拒否外国人の身体[*5]は運送業者等に引き渡され、送還便の便の出航（出港）までの間、運送業者等がその外国人の上陸および逃亡を防止して送還の確保に努めなければならないと解されており、実務はその解釈によって運用されている。つまり、上陸防止業務は運送業者等が入管法59条によって負担する送還義務の一部（解釈上当然に付随する業務）であり、その責任と費用もやはり運送業者等に課せられているというのである[*6]。

　船舶の場合には、停泊期間も比較的長く、当該船舶の停泊中に上陸審査手続が完了して上陸拒否外国人の身体が引き渡されることがほとんどであるから、船舶の運送業者等としては出港までの間その外国人を下船させないでおけば足りるのであり、その負担は比較的小さいものといえる。

　ところが、近年、来日する外国人の多くが航空機を利用する時代になって、この問題は一変した。航空機は通常短い時間で折り返し出航（出発）してしまう。そのため、上陸審査手続完了時にはすでに乗せてきた航空機が出航（出発）済みであることが少なくない。なおかつ、そもそも出航までの間、航空機内に上陸拒否外国人を留め置くという形式もとりにくい。このため、従来、航空機の運送業者等は、送還便までの間の留め置き期間中、上陸拒否外国人を空港近傍の民間ホテルに事実上軟禁するという手法によって上陸防止業務を履行してきた。具体的には、ほとんどの航空会社が民間警備会社に委託して、警備会社の警備員がホテルの部屋の前の廊下あるいは部屋内でその外国人を24時間監視する等の方法によって上陸・

[*5] 法の建前では収容等をされていないため、身体拘束されていないと解されているようであるが（最高裁第一小法廷1971年1月25日決定＝判例時報617号25頁参照）、実情は、上陸を防止する必要上、身体拘束にかぎりなく近い状態下に置かれる。
[*6] 「……当該外国人の送り返しに加え、送り返しを確実にするためにその者の行動の自由を制限し、送り返しに備えること（身柄の確保）も必要である。従って、本条でいう「送還」は送り返しと身柄確保の両方の意味を含むものである」（「注解・判例 出入国管理 外国人登録 実務六法・平成13年版」〔日本加除出版〕85～86頁。なお、同六法からは平成10年版以降「法務省入国管理局監修」の文字が外されているが、平成9年版でも同様の解説がなされているので、これが入管当局の解釈であると認められる）。

逃亡させないようにしていたのである。

1990年施行の改正入管法による上陸防止業務の変化

　以上のように、航空会社による民間ホテルでの軟禁中心に実施されていた上陸防止業務については、当然のことながら多くの問題点が指摘され、1990年施行の改正入管法においては、上陸防止業務についての法整備が行われた[*7]。

　すなわち、退去命令を受けた外国人が送還便までの間留まるべき場所（以下、便宜上「留め置き場所」という）の指定が明文化された（入管法13条の2）。具体的には、退去命令を出される外国人が、送還便の都合等その外国人の責めに帰さない事由により直ちに退去できないと認められる場合に、指定する期間に指定する施設において留まることを許すことができる旨の規定が新設され（入管法13条の2）、退去命令書および退去命令通知書に留まることができる期間と場所の記載がなされるようになったのである（出入国管理及び難民認定法施行規則〔以下「入管規則」〕12条の2、別記11号・12号様式）[*8]。ただし、改正法の下でも、上陸防止施設への留め置き（実態は収容）期間に法定の上限が定められないまま放置され、現実にも超長期収容事例が発生していることは、大きな問題である[*9]。

　なお、有効な旅券で査証を受けていることを運送業者がきちんと確認して乗せてきた外国人乗客が、別の理由で上陸拒否になってしまった場合にまで、運送業者等が上陸防止業務のすべての責任と負担を押しつけられる従来の規定および実務については、強い不満がもたれていた。そこで、前記改正法においては、有効な旅券で査証を受けたものを所持する外国人のうち、「法務省令」（この場合、入管規則52条の2および同別表第5[*10]）で定められている施設を留め置き場所として指定さ

[*7] この法改正の趣旨は、坂中英徳・高宅茂「改正入管法の解説――新しい入国管理制度」（日本加除出版）に詳しい。
[*8] 入管規則12条の2は「法第13条の2第2項に規定する退去命令を受けた者及び船舶等を運航する運送業者に対する通知は、それぞれ別記11号様式による退去命令書及び別記12号様式による退去命令書によって行うものとする」とし、同規則別記11号様式および12号様式には「……法第13条の2の規定に基づき留まるところができる期間及び施設を次のとおり指定します」として指定欄が設けられている。
[*9] 上陸防止施設に、パキスタン人庇護希望者が9カ月間収容されていた事例（朝日新聞1998年5月19日朝刊報道）、イラン人庇護希望者が7カ月間収容されていた事例（東京新聞1998年6月23日夕刊報道）等。
[*10] 入管規則52条の2第1項は「法第59条第3項に規定する施設は別表第5のとおりとする」とし、入管規則別表第5「番号1　新東京国際（成田）空港の近傍にある宿泊施設で法務大臣が指定するもの、番号2　関西国際空港の近傍にある宿泊施設で法務大臣が指定するもの」と定める。

図1：成田空港の上陸防止業務

第2ターミナルビル

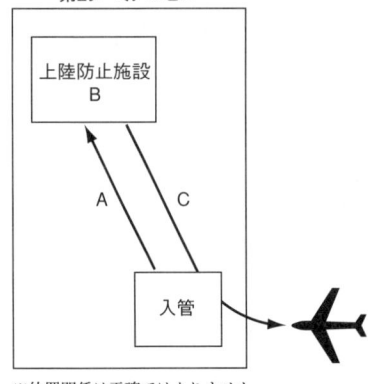

上陸防止施設B

A　C

入管

※位置関係は正確ではありません。

れている者については、当該施設の留め置きに伴う責任と費用の全部または一部を免除することにした（入管法59条3項）。

この受け皿として具体的に想定されているのが、いわゆる上陸防止施設である。上陸防止施設は、成田空港・関西国際空港のターミナルビル内および東日本・西日本入国管理センターの敷地内に設置運営されていたが*11、現在では両空港ターミナルビル内のものが設置運営されているという。

わかりやすくいえば、有効な旅券で日本の査証を受けた外国人を乗せてきた運送業者等には原則として過失がないので、このような外国人ですぐに退去できない者が上陸拒否されて退去命令を受けた際には、原則として、国が運営する上陸防止施設*12を留め置き場所として指定し、留め置き中の費用と責任は国が負担するという実務が行われるようになったのである。

これにより、運送業者等は、原則として、入管審査室で身体を引き渡されてから上陸防止施設に送り届けるまでの移送業務（図1のA）および送還当日に上陸防止施設から航空機に送り届けるまでの移送業務（図1のC）のみを負担し、留め置き自体の業務（上陸防止施設＝図1のB）については国に任せればよいことになった。

---

*11　北村哲男衆議院議員の質問主意書に対する1998年7月28日付内閣衆質142第50号答弁書によれば、当時は「上陸防止施設としては、新東京国際空港第二旅客ターミナルビル内上陸防止施設……、牛久法務総合庁舎内上陸防止施設……、関西国際空港旅客ターミナルビル内上陸防止施設……、茨木法務総合庁舎内上陸防止施設……の四施設」があった。空港ターミナルビル内の上陸防止施設は、窓もなく狭い部屋であり、その劣悪な環境の改善が求められている（2000年9月17日のTV朝日系列「サンデー・プロジェクト」においては、関係者の証言をもとに成田空港ターミナルビル内の上陸防止施設の実物大模型が作成され、放映された）。

*12　国は、実際には民間警備会社に運営を委託している。その結果、航空会社から移送業務を受託する警備会社と、上陸防止施設の運営を国から受託する警備会社とが同一会社となり、両業務の区別が曖昧となる現象も一部に生じた。1998年7月現在の状況ではあるが、前記北村議員の質問主意書に対する答弁書においては、上陸防止施設の警備業務につき、「成田……、」（本稿のX警備会社に）「警備及び移送業務を委託しており」「関西空港……、牛久……は、……株式会社国際人流トライサービスに警備業務を委託している」「茨木……は、警備業務は委託していない」と記載されている。なお、国際人流トライサービスについては、代表取締役に元東京入管局長、監査役に元広島入管局長が就任した時期もあり、入管OBが設立した天下り警備会社という色彩が強い。また、X警備会社についても、入管OBが幹部社員として勤務していた。

日本の現状

「チュニジア人事件」

さて、以上を前提にして、冒頭のチュニジア人事件に話を戻そう。

「チュニジア人事件」発生状況

2000年6月20日午後、20歳代のチュニジア人男性y・zが観光のためにトルコ航空機に乗って成田空港の第2旅客ターミナルに到着した。この2人は、有効な旅券を持っていたが(ビザは相互査証免除協定があるため不要)、日本における宿泊先を予約していなかったこと等の理由から入国目的を疑われ、結局上陸を拒否され、退去命令を出された。

ところが、トルコ航空は週に2便の就航であり、乗ってきた便はy・zが上陸拒否に納得せずに搭乗を拒むうちにすでに出航してしまっていた。そこで、y・zは送還便までの約5日間留め置かれることとなり、留め置き場所を第2ターミナルビル内上陸防止施設と指定されたうえ、同ビル内の入管審査室においてトルコ航空の委託を受けたX警備会社の社員xらに引き渡された。

X警備会社はチュニジア人男性y・zをできるかぎり速やかに同じビル内の上陸防止施設に移送する業務(前記図1のAの業務)をトルコ航空から請け負っていた。ところが、移送の過程でy・zに対して「警備料」「食費」名目の金員の支払(これを警備会社が直接徴収することの問題点は後述)を求めたところ、y・zがこれを拒否したことから、X警備会社社員xらはy・zを本来の移送ルートとはまったく関係ない第2ターミナルビル外へと連れ出し、そのままX警備会社の車

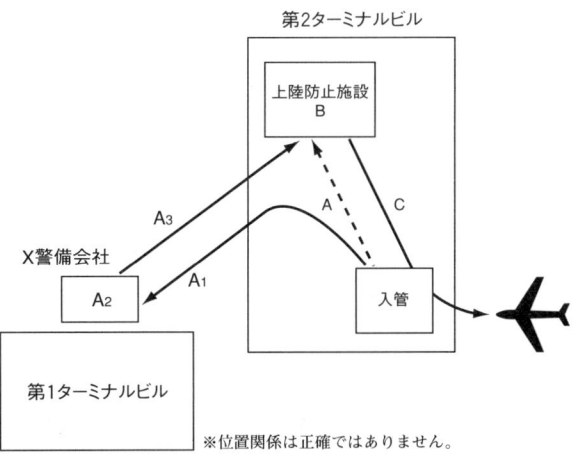

図2:チュニジア人の移送経路

※位置関係は正確ではありません。

両に乗せて第1ターミナル前の駐車場内のビル所在のX警備会社事務室に連行した（図2のA$_1$）。そして、事務室内で殴るなどの暴行を加えたうえでy・zの2人から合計600米ドルを強取（ないし喝取）したのである（図2のA$_2$）。

y・z両名からの「警備料」の「収受」が完了したことから、X警備会社社員らは再びy・zをX警備会社車両に乗せて第2ターミナルまで連行し（図2のA$_3$）、ようやく同ターミナルビル内にある上陸防止施設に送り届けたのである[13]。

X警備会社社員の内部告発と恐るべき実態

本件の発生が明らかになった後（その時点ではチュニジア人男性y・zはすでに送還されていた）、複数のX警備会社の社員・元社員が、上陸防止業務の実態について次々と驚くべき証言を行った。記者会見の内容および筆者の直接の聞き取りによれば、概要は以下のとおりである。

X警備会社は、成田空港に乗り入れる航空会社のうち約3分の2から警備業務を受注しており、また、1999年夏までは、上陸防止施設の運営も国から受託していた[14]。

本来であれば、警備会社は航空会社から移送等の業務（前記のAおよびCの業務）にかかる費用（以下「警備料」）を徴収し、航空会社がその後乗客である外国人からその支払った警備料相当額を求償するというのが正当な流れであるが、現実には航空会社が外国人本人から求償するのが困難であるために、X警備会社では航空各社に対し、警備料を原則として外国人本人からX警備会社が徴収することとし、徴収し損ねた場合にのみ航空会社に警備料を請求するという「サービス」を実施して多くの航空会社から契約を獲得していた[15]。

前記のとおり、X警備会社は、以前は上陸防止施設の運営も国から受託していた

---

[13] 事件の発生状況については、朝日新聞2000年8月4日・8月8日各朝刊等報道のほか、今井恭平「成田空港に巣くう暴力と人種差別」（「週刊金曜日」2000年9月22日号23頁）が詳しい。また、前掲の「サンデー・プロジェクト」でも、チュニジア人y・zのインタビューが放映された。なお、y・zを原告とする、この事件についての損害賠償請求訴訟が、2001年11月現在東京地裁に係属中である（同地裁平成13年（ワ）17413号事件）。
[14] 1999年の入札の結果、X警備会社とは別の警備会社が落札し、上陸防止施設の運営を担当するようになった。
[15] 筆者らの聞き取り調査によれば、X警備会社に対して上陸拒否外国人本人からの警備料の直接徴収を依頼していなかったのはシンガポール航空1社のみで、あとの航空会社はX警備会社に警備料徴収を任せていた。また、X警備会社では、外国人本人から直接徴収する警備料は、（本人から徴収し損ねた事例で）航空会社に請求する警備料の額と比較して、原則2倍に設定されていた。したがって、X警備会社としては、上陸拒否外国人から直接徴収するほうが格段に多くの利益を得られる構造になっていた。

ため、航空会社から前記AおよびCの業務を受託した場合の警備料は、自らの「支配」下にある上陸防止施設内（B）でゆっくりと徴収すればよいという状況であった。現実にも、多くの場合に上陸防止施設内で外国人本人からの警備料徴収が行われていたことが認められる。

ところが、1999年夏に入札で上陸防止施設の「支配」を失ったX警備会社は、前記AまたはCのいずれかの段階で警備料の徴収を行うことを余儀なくされることになった。しかし、現実にはターミナルビル内では人目が多く、強制的な徴収は不可能である。そこで、苦しまぎれにX警備会社が考え出した方策が、前記Aの移送ルートを外れてターミナルビル外にあるX警備会社事務室まで外国人を連行し、外部の人間に目撃される危険のないこの事務室内で強制的な警備料徴収を図る、というものであった。

前記のチュニジア人の事件は、以上のようなX警備会社の実務の一環として引き起こされた事件であり、氷山の一角であると認められる[*16]。

入管当局の対応

本件が発覚し、報道された後に至っても、入管当局の反応は驚くほど鈍かった（ただ、この報道と同時期に発生していた入国審査官による傷害事件[*17]を、入管当局自ら告発して記者発表したのは、本件を意識した対応であったと思われる）。基本的には、航空会社の責任の範囲内の上陸防止業務について発生した事件であって、入管とは無関係であるというのが基本的姿勢であった。

しかし、本来ならば上陸を防止するというのは国家の業務である。それを入管法によって運送業者に負担させたからといって、国家作用とまったく無関係になるわ

[*16] 本件発生直後までX警備会社に勤務していた元社員の記者会見等によれば、上陸防止施設の運営をもX警備会社が受託していた1999年夏までは、上陸防止施設内で頻繁に暴行・脅迫等の手段を用いて外国人から警備料を徴収するという実務が行われており、99年夏以降は、警備料を支払わない外国人をしばしばX警備会社事務室に連行して徴収していたという。

[*17] 2000年8月1日朝、成田空港第2ビル内の入管審査室において、男性入国審査官（44歳）が、中国人男性（28歳）から事情聴取した際に容疑を否認されて立腹し、ファックス用紙の芯（長さ25センチ）でこの中国人男性の頭・胸・腹などを数回突いたことにより、この中国人男性が頭蓋骨に2センチメートルの亀裂骨折、胸・腹に打撲傷を負ったというもの。東京入管成田支局は、この入国審査官を千葉地検に告発した。この暴行の際に、さらに26歳と27歳の男性入国警備官も同じ中国人男性の頭を小突いたりしたが、その暴行は負傷につながっていないとしてこれら2人の入国警備官は告発の対象からは外されている。（朝日新聞・毎日新聞2000年8月10日各朝刊報道）なお、本稿のチュニジア人の事件が本格的に報道され始めたのは、2000年8月初め頃のことであった。

けではない。少なくとも上陸拒否された外国人が上陸することがないようにし、かつ退去までの間適正な処遇を受けられるように監督する義務は法務省入管当局に存するというべきである[*18]。また、警備会社社員が上陸拒否外国人を第2ターミナルビルから連れ出した時点で、罰則の適用のある「不法上陸」（入管法70条1項2号）が成立しているはずであるから、これを取り締まらない理由は見出せない。

　これらの不法上陸の事態およびこれに付随するさまざまな問題点が明らかになったにもかかわらず、これを一切不問にするという態度はあまりにも不可解である。また、この警備会社社員によれば、1999年の夏以降かなり頻繁に警備会社事務室への連行が行われていたのであるから、これを入管当局がまったく知らなかったとは考えられず、入管当局の責任は重大であるというべきであろう。

今後の展望

　以上のとおり、前記のチュニジア人の事件その他近時報道された事件を通じて、上陸防止業務の問題点は次第に浮き彫りになってきているものの、なお、その運用の実態には明らかになっていない部分も多い。

　上陸を拒否された外国人の上陸を防止しつつ、他方でその身体の自由の制限等による人権制約を最小限にするという視点から、入管法の抜本的な見直しおよび施設の早急な整備が求められる。具体的には、上陸拒否された外国人が送還便までの期間留まる場所として、開放処遇で設備の整った施設を空港近傍に設置するなどの物的整備を行うとともに、同施設での留め置き上限期間を法定し、さらにたとえば24時間ないし48時間以上留め置く場合には司法機関の発付する令状を要求するといった令状主義の導入および留め置き期間中の処遇に関する規定の整備によって適正手続の確保が図られるべきであろう。

　その観点から、本書の次章以降で紹介されているような他国の制度を研究し、導入してゆくことが求められているといえよう。

（せき・そうすけ）

[*18]　法務省設置法第4条は「法務省は、前条の任務を達成するため、次に掲げる事務をつかさどる」とし、その31号において「日本人の出国及び帰国並びに外国人の入国及び出国の管理に関すること」、その32号において「本邦における外国人の在留に関すること」と定めている。

スウェーデン

訪問日：2000年8月28日～9月1日
訪問者：秋本陽子、鬼束忠則、西村吉世江
訪問先：カールスルンド収容施設、フレン収容施設

スウェーデンの入管制度

鬼束忠則（弁護士）

概要

はじめに

　私たち入管問題調査会のメンバーは、今回スウェーデンを訪ね、同国の入管制度、とくに収容施設と収容実態について調査を行った。幸い、同国で外国人や難民の権利保護のために積極的に活動しているいくつかのNGOのメンバーや政府関係者の熱心な協力を得ることができ、収容施設の内部の見学やそこに収容されている外国人へのインタビューなど多くの実りある調査をすることができた。

　同国の入管制度、とくに退去強制手続やそのなかでの収容手続の特徴は、一言でいえば外国人の権利保障と適正手続の保障をできるだけ図っていくという基本理念が貫かれているということである。そこでは、外国人についてその権利を保障し、あらゆる場面で人間的な対応をするという考えが現場の入管職員にまで浸透している。権威的で閉鎖的な日本の入管制度を見慣れた私たちには大きな驚きであった。

　本稿では、スウェーデンの入管行政の制度的な側面について、日本の制度と簡単に比較しながら紹介したい。

入国管理の対象

　スウェーデンの入国管理の規制の対象は、主に非ノルディック国ないしはEUの未加盟国から入国する外国人である。ノルディック諸国やEEA条約（ヨーロッパ経済地域条約）下のEU諸国の国民は域内を自由に移動できるからである。

　1997年にスウェーデンへ入国した外国人（旅行者やビジネスでの一時入国者を除く）の数は約33,400人で、うち78%を難民とその家族が占めている。

1997年に庇護を申請した外国人は10,823人（いわゆる「難民枠」の1,200人を含む）で、その出身国は、イラク、ユーゴスラビア、ボスニア・ヘルツェゴビナ、ソマリアなどからである。同年に庇護が与えられた数は、1,300人が「条約難民」、740人が「保護を要する人々」、6,400人が「人道的理由」による保護、1,180人が「難民枠」となっている（申請数と庇護数が合致しないのは、申請と庇護の決定に時間差があるため）。なお、同年に難民の家族（配偶者、内縁関係にある者、18歳未満の子ども）として在留許可を受けた人は18,861人である（文献④、⑤および⑦参照）。

このようにスウェーデンでは、外国人の入国および在留に関する主な問題は、難民とその家族に関わる問題であり、したがって、入管制度も難民に関する制度が中心に論じられている。

法令と準則

入管行政に関わる法令および準則には、外国人法（Aliens Act）、外国人政令（Aliens Ordinance）などのほかに入管局（National Immigration Board: SIV ただし、この入管局は、2000年7月から「移民局」National Migration Boardと名称変更された。以下「移民局」という）の定めたガイドラインがある（文献④および⑤参照）。

所管

入管行政を所管するのは、外務省（Ministry of Foreign Affairs）にある移民局である。移民局は、外国人・難民の受入れに関する審査、就労および居住許可、退去強制に関する事務など入管行政全般と市民法に基づく市民権の決定などに携わる。

移民局の外部に外国人控訴局（Aliens Appeals Board）があり、ここでは、移民局や警察のした入国、在留、収容、退去強制などの判断や難民の認定に関する再審査を行う。この機関は準司法機関的な役割を担っている。構成員は政府に指名された議長および議長代理（裁判官または相当の経験を有する法律家から選ばれる）と、政党により推薦を受けた政治家が審査を行う。しかし、外国人控訴局については、口頭審問が行われることが少なく、書類審査が主で機密性が高いなど問題点

2001年1月1日～6月30日までの収容に関する統計

収容施設	収容人員 （　）内は子ども	放免人員	収容日数			
			0〜2日	3〜14日	15〜60日	60日以上
カールスルンド	584（13）	689	304	205	97	83
フレン	219（6）	272	115	76	38	43
ヨーテボリィ	417（32）	486	250	119	73	44
マルメ	372（38）	435	245	99	51	40
合計	1,592（89）	1,882	914	499	259	210

も指摘されている（文献②参照）。

　警察も入国審査および国内での外国人管理（internal aliens control 摘発、収容、退令の発付）を行うが、入管局の定めた基準に従わなければならず、収容の継続や、収容や退令に対する異議申立は移民局が扱う。

収容施設

　外国人・難民の収容施設は　開放処遇と閉鎖処遇の2つのタイプがある。前者は主に難民申請者が難民認定を受けるまでの審査期間中、あるいは難民と認定された外国人がスウェーデンでの定住基盤を確立するまでの居住と生活を援助する施設であって、本人の希望などに基づき利用できる施設である。本稿ではこれを「居住センター」（Reception CenterあるいはResidence Center）と呼ぶ。居住センターでは、施設からの外出を含め生活は基本的に自由である。後者は、後に述べる移民局等が収容の必要性があると判断した外国人を強制的に収容する施設である。難民申請者の一部がここに収容される場合もある。本稿で収容という場合、この閉鎖処遇の収容施設への収容をいう。

　スウェーデン国内には、ストックホルム、ヨーテボリィ（Gothenburg）、マルメ（Malmo）、フレン（Flen）の各都市に、この2つのタイプの収容所が併設されている。これらのうち、閉鎖型の収容施設の合計収容可能人員は150名である。

　さらに、強制収容施設として警察の留置所または刑務所が利用される場合がある。

入国審査と不服申立制度（外国人法2章、4章）

　入国審査は移民局が行う。1997年の外国人法の改正以前は、一定の例外を除いて入国審査は警察が行っていたが、改正後は原則として移民局が行うこととなった。入国審査に対する判断は申請から3カ月以内でしなければならないとされており、「塩漬け」を防止する趣旨である。

　移民局の入国拒否の決定に対しては、移民局内の上級庁に不服を申し立てることができるが、この不服申立は執行停止の効果をもたない。

　上級庁の決定に対しては、さらに外国人控訴局に対し再審査を申し立てることができる。外国人控訴局による決定は行政内部の最終判断である。

　上記の各手続のなかで、外国人本人は自己の主張を述べる機会が与えられている。また外国人控訴局の決定に対しても、新たな事情が発生すれば再度控訴局に申請をすることができる。

　さらに、本人は通訳援助を得ることができ、移民局における手続中は、法的援助も受けられる。また、申請が拒否されそうなときや再審査請求が出されているときはつねに弁護士の援助がある。

　難民申請については、難民条約上の難民性が否定されても、人道的な理由により永住権が与えられることがある。また、退去強制を阻む事由があるときは、その執行は停止されあるいは覆されることもある。この退去強制を阻む事由とは、死刑や体刑あるいは拷問等や非人道的な扱いや処罰を科される危険性があるとき、あるいは迫害を受ける危険があるときである（文献⑦参照）。

在留許可の取消（外国人法2章9項以下）

　いったん与えられた在留許可でも、申請者が虚偽の情報を提供して在留許可を取得した場合などには、取り消される。

　しかしこのような場合でも、在留許可を取り消すか否かは、スウェーデンになんらかの繋がりがあるか、取消できないなんらかの人道的な理由があるか等を考慮しなければならないとされている。とくに家族環境やその者の在留期間を考慮しなければならず、4年を越えて在留しているような場合は、逆に特別の理由がない限り取り消してはならないとしている。

退去強制制度（外国人法4章）

　スウェーデンにおいても、在留資格がないなどの理由で退去強制がなされる。その基本的な構造は日本の場合と同様であるが、一方で退去強制をしてはならない事由も広く認められていて、実体的にも手続的にも退去強制に関し制限的な制度を設け、外国人の権利保障を図っている。

　たとえば、15歳未満で5年以上滞在している少年は犯罪を犯したという理由で退去強制されないとか、4年以上の永住許可をもつ者あるいは5年以上在留している者は、退去強制しなければならない強い理由がないかぎり退去強制されないとされている。

　また難民については、重大な犯罪（悪質な薬物犯罪、悪質な強盗など）を犯し、かつ退去強制をしなければ公共の秩序および公共の安全に危険を及ぼす場合のみ退去強制できるとされている。

　退去強制令の執行は原則として移民局が行うが、移民局は外国人が退去に応じないときに直接強制力を行使することはできず、この場合は警察の協力を得て強制力を用いて退去強制令を執行する。

　退去強制令を受けた外国人は4週間以内（ただし、入国拒否の場合の退去強制令については2週間）に出国しなければならない。この期間中に任意に出国しない場合は、収容され強制的に退去させられる。このように身体拘束を極力避けるために、任意の退去が原則とされている。

難民・外国人の収容（外国人法6章以下）

収容に関する条件

　外国人法は、難民申請者やその他の外国人について、以下の場合に強制的に収容できると定めている。

　(a) 入国時の取調べのために6時間まで収容することができる（1項）。

　(b)「明らかに根拠のない申請」を行った者は基本的に収容される。「明らかに根拠のない申請」とは、難民申請者についていわれるものである（後述48頁参

照)。

(c) 18歳以上の者については、次の場合に収容することができる (2項、4項、文献③参照)。

①身元が不明である者——ただし48時間を越えて収容することはできない。

②在留する権利があるかどうかについて調査をする必要がある者——ただし、この場合も48時間を越える収容はできない。しかし、必要があるときは、さらに2週間を限度に収容を更新することができる。

③入国拒否あるいは国外退去が見込まれる者、または、有効な入国拒否あるいは退去強制命令の執行のために収容が必要な者——ただし、その者が逃走しまたは犯罪行為に関与すると認められる理由があるときにかぎる。

この収容は、延長の理由がないかぎり2週間を限度とする。しかし、入国拒否あるいは退去強制令がすでに出ているときは、収容期間は2カ月まですることができる。さらに「特別の事情」がある場合は、これを延長することができる。この場合、期間の制限はない。

(d) 18歳未満の少年の収容 (3項、4項、19項2号) は、例外的な場合、すなわち入国拒否令や退去強制令を早急に出すことができる高度の蓋然性がある場合にのみ許される。このケースは主に、安全な第三国を経由してスウェーデンに入国した少年を、その第三国に送還する場合である。ただし、このような場合であっても、収容しなければ少年が逃亡すると明らかに認められること、収容しないで警察や移民局への報告を義務づけるだけでは不十分と認められるなど、収容に代わる方法 (後述の保護観察制度がこれにあたる) がないという特別の事情があることが要求される。

さらに、少年の保護者から隔離する例外的な事由がないかぎり、収容によってその保護者から隔離されてはならない。少年の収容は最大限72時間を限度とし、非常に特別な事情があるときは1回最長72時間にかぎり更新することができる。少年は、刑務所や警察の留置所に収容してはならない

また外国人法は、収容にかかる保護観察制度 (5項) を設けている。この制度は、18歳以上の外国人について、収容の要件には該当するが、実際に収容しないで警察や移民局への定期的な報告を行わせるだけで足りると判断された場合に適用される。18歳未満の外国人については、この制度の適用が原則とされている。この制度の適用は、6カ月ごとに見直される (6項)。

このように、外国人法は、外国人の収容の要件に関する規定を比較的詳細に定

め、収容できる場合とその期間を限定している。実際の運用も、収容をできるだけ回避する方向でなされているようである。とくに18歳未満の少年については、収容に関し厳しい制限を課している。日本では、このように収容に関する要件や必要性を定めることをせず、退去強制事由を疑うことができる外国人は法律上すべて収容することができるとしている。スウェーデンのこの収容の要件に関する姿勢は、日本においても多いに見習う必要がある。

収容を決定する機関（外国人法6章9項以下）

　収容を決める権限をもつのは次の4機関である。
　①警察——ただし、警察が収容を決定できるのは、滞在が現に違法である場合、犯罪を犯したことを理由にすでに国外退去令が出ているにもかかわらず国内にとどまっている外国人の場合、移民局から任意の国外退去が望めないと認められ警察に引き渡された外国人、および難民申請者についてはその申請が移民局に登録される前の段階においてのみである。
　②移民局——外国人からの難民申請および居住許可申請に関する手続を行っている場合は、つねに収容決定をすることができる。
　③外国人控訴局——外国人控訴局は、難民申請に対して移民局がした不認定の決定や退去強制令などに対する不服申立が控訴局に係属している場合で、未だ収容されていない場合に収容決定をすることができる。
　④その他の政府機関——沿岸警備隊や関税官は、外国人が逃亡する危険が認められるときは収容決定をすることができる。ただし、収容決定をした場合、直ちに警察に引き渡さなければならない。

収容施設とそこでの処遇（外国人法6章16項以下）

　収容は、移民局が管理する収容施設、警察の留置場、刑務所が利用される。もちろん、原則は移民局の収容施設が利用されるが、その収容施設では処遇が困難なケース、あるいは、すでに退去強制令が出ているにもかかわらず退去していない場合などには、警察の留置場や刑務所においても収容できる[*1]。
　また、収容所における処遇については、外国人法は被収容者の人権に配慮した

詳細な規定を設けている (21項から31項)。

　施設の概要と処遇の内容は次のとおりである。

　(a) ストックホルム地区収容センター (Stockholm Region Detention Center) は、主に難民申請者の開放収容施設であるカールスルンド難民収容センター (Carlslund Refugee Centre at Uplands) の施設の中に閉鎖収容所としてある。1998年の調査のときには、このストックホルム地区収容センターは40部屋 (places) に26人が入れられていた。平均収容期間は約4週間とのことである。施設の管理者は警察ではなく移民局職員である。

　(b) 収容者は、野外運動場の利用、適切な健康器具の利用、テーブルテニス等のゲーム、施設内あるいは公共図書館からの本の借り出し、新聞を見ること、さらには職員の許可を得てインターネットの使用ができる。さらにラジオを聴き、内外のテレビ放送を観ることができる。外部との電話や手紙による通信も自由である。通信の検閲もまったくない。

　(c) 外国人法は、一定の条件の下に (たとえば、処遇困難が認められる場合や保安上の理由により) 収容者を1人で収容しあるいは隔離することができる旨規定している。しかしストックホルム地区収容センターには、そのような施設がない。この場合警察の留置場か刑務所に送られるということである。

　そして、このような隔離については、少なくとも3日に1度、さらに隔離が必要かどうかが検討されなければならない。

　(d) 同施設では、週に1時間医師が、そして週に3日看護婦が、収容者の基本的な健康管理に携わっている。それ以外は、カールスルンド難民収容センターの医療スタッフあるいは地域の救急サービスが心身のケアを担っている。

　(e) 外国人法は、収容された外国人は、人間らしく尊厳をもって処遇されなければならず (18項)、さまざまな活動、レクレーション、室内外での運動の機会が与えられなければならないと規定している。

　(f) 国際空港 (たとえばストックホルムのArlanda Airport) では、ベンチが置かれた広い待合室で2、3時間収容され、さらに、2、3時間以上 (夜通しの場合はつねに) にわたって収容する必要がある場合には、ストックホルム地区収容センターへ移

---

*1　1997年10月に改正外国人法が施行されるまで、収容は警察の留置場や刑務所さらには民間会社が運営する収容施設が使われていたが、NGOなどの批判を受け、収容は原則として移民局が管理運営する収容施設で行うこととなった (文献③参照)。

送される。

　(g) 収容所内の処遇については、移民局が定めるガイドラインにも、収容されている外国人は人間的に処遇されなければならず、その尊厳に敬意が払われなければならないとの規定がある（文献③参照）。ここでいう人間的な処遇とは、以下のことを意味する。

　①つねに外国人に焦点を当て、彼らの法的利益と法的便宜を図る方法で処遇しなければならない。

　②収容所の職員は、被収容者が収容された最初の時点から、彼らと良好な関係を結ばなければならない。

　③外国人がその置かれた状況下で安全と安心を感じることができるような処遇でなければならない。

　④職員は、被収容者のニーズに敏感でなければならない。

　収容所内の処遇は、外国人の尊厳を確保するために、国連難民高等弁務官事務所の定めたガイドラインに従って行われなければならない。したがって、収容所の処遇の条件は、できるかぎり難民の居住センターの条件と同様の内容でなければならず、唯一異なるのは、収容施設が閉鎖され行動の自由が制限されるという点だけでなければならないとされている。

　このように、スウェーデンでも閉鎖型の収容所が存在する。しかし、その内部で被収容者は自由に行動できるようになっている。内部は明るく、採光も通風も通常の建物と変わらない。入管側は、収容は刑罰でもなく、被収容者にその行動の自由を制約する以上に苦痛を与えてはならないから、できるだけあらゆる自由を確保するよう努力しているとのことであった。実際の処遇もこのような観点から行われていることは、移民局の職員の話からだけでなく、被収容者自身やNGOのメンバーからも確認することができた。

　日本の収容所との違いは歴然としている。日本では、自分の居室から廊下に出たり他の居室を訪ねることさえ自由にできず、電話やましてインターネットなどを利用することもできない。手紙の授受は事前にすべて検閲を受け、外部の者との面会も極端に制限されている。そこでは「保安上の理由」の下に人間の尊厳を踏みにじる処遇が行われているといっても過言ではない。

　スウェーデンの収容所の処遇と同様な処遇を日本でもやろうと思えば、物的施設の改善にはある程度の期間や多くの予算を必要とするだろうが、運用面での改善

はすぐにでも可能であろう。

収容に対するチェック制度

　(a) 2カ月を越えて収容する場合（「特別の事情」がある場合は法律上2カ月を越えて無制限に収容することができる）は、移民局は2カ月ごとに収容の必要性を審査しなければならない[*2]。

　(b) 収容に関する決定に対しては、郡の行政裁判所（County Administrative Court）に収容決定の取消を求めて申立をすることができる。ただし、この裁判は形骸化しているとの批判もNGOからなされている。

　(c) 収容が3日以上に及ぶときはつねに、被収容者は法的アドバイスを受けることができる。

　(d) 収容所内には、弁護士、NGOメンバーが収容所側の許可（原則として許可される）を受けて入ることができ、被収容者が相談をしたいときはつねに面会をすることができる。

　(e) ヨーロッパ拷問等防止委員会（the Committee for the Prevention of Torture under the Council of Europe）による調査を受け入れなければならない[*3]。

　収容が適正になされているかをチェックするうえで最も重要なことは、収容所内でどのようなことが行われ、被収容者がどのような要望や訴えをもっているのかを外部の者がどこまで知ることができるのかということである。一言でいえば、収容の透明性があるかどうかである。

　この点、日本での入管収容は、残念ながらこの透明性がまったく確保されていない。そのため、収容の実際がどのようなもので、被収容者が何を要望しているのかを私たち外部の者が知ることはほとんどできない。

[*2] この点、日本の入管法は、収容期間について2段階に分け、まず退去強制令書が発付されるまで最長60日まで、同令書が発付された後は期間の制限なく収容することができるとしている（入管法41条1項、52条5項）。しかし、収容の必要性に関する審査は法令上義務づけられていない。これは、そもそも入管法が収容の必要性を要件としていないとされることの帰結である。

[*3] ヨーロッパ拷問等防止委員会は、40の欧州評議会のメンバー国の刑務所や収容施設を定期的に訪れ、またNGOなどとも会して調査を行い、その結果に基づき勧告や是正命令を出す。スウェーデンについては、この調査が1998年に行われ、その報告によれば、スウェーデンの収容施設は、ほぼ適正に運用されているとしているが、いくつかの問題も指摘されている（文献⑥参照）。たとえば、1997年12月に退去強制された外国人が、当時移民局や警察に代わって退去執行を担っていた民間会社の警備員から警棒で殴られ、粘着テープでさるぐつわをされたケースなどである。

これに対し、スウェーデンの収容はこの透明性をできるだけ追求しようとしているように思えた。上記の (a) と (b) のシステムが実際どの程度、被収容者の権利保護のために機能しているのかを私たちは直接知ることができなかったが、(c) と (d) については、私たちは直接、収容所内でつぶさにそのように運用されていることを見ることができた。

難民について

スウェーデンでは、1951年の難民の地位に関する条約を1954年に批准した際、外国人法に政治難民の庇護権を規定した後、いく度かの改定を経て、現行の外国人法の難民に関する規定が難民の定義や難民認定手続の根拠法となっている。

スウェーデンにおける難民の庇護制度は、再定住による恒久的保護を唯一の難民保護とせず、一時保護や一時居住許可などを導入した包括的なものとなっており、さらに自国への難民の流入を制限ないしは回避するための積極的な施策を採用しているとのことである (文献②参照)。

スウェーデンにおける難民

スウェーデンでは、難民のカテゴリーは次のとおりである (文献⑤参照)。

①Convention Refugee――1951年の難民条約に該当する難民

②Quota Refugee――割当て難民 (UNHCRとの合意に基づく) 毎年の受入れ人数は国会で決定される。現在の数は1,700から1,800名。難民の選定はUNHCRの提出したファイルに基づいて決定される。

③Aliens in need of protection――「保護を必要とする外国人」(外国人法3章)

(i) 死刑や体刑あるいは拷問等や非人道的な扱いや処罰を科される危険性が認められる外国人

(ii) 内外の武力紛争からの保護が必要な外国人、あるいは、天災で自国に帰れない外国人

(iii) 性や同性愛を理由に迫害を受けるおそれのある外国人

この「保護を必要とする外国人」を保護の対処者としているところに、スウェーデンの難民法の特徴がある。とくに上記 (i) および (ii) については、条約難民の条件

とされる「迫害の恐れ」の要件を必要としていない点で重要である。

難民の在留資格

難民には通常、永住許可（Permanent residence permit）が与えられ、国内でのさまざまな援助策が用意されている。なお、保護が一時的でよいと判断された外国人については一時保護（Temporary Protection）が与えられ、最長2年までの居住許可がなされる。

難民申請手続

通常の難民申請手続

難民申請はスウェーデン国内でのみ行うことができる。日本のいわゆる「60日ルール」のような申請期限はない。

第1次審査は移民局の審査官が行い、国境における申請では、国境警察（border police）は、難民申請者の入国に関しなんらの決定権限をもたず、すべてのケースを移民局に引き渡さなければならない。移民局は申請者のインタビュー、その他手続上すべての調査と第1次決定に関し一切の責任を負う。

ここでの通常の難民審査手続（移民局での第1次審査）については、以下の規定が設けられている。

①成人男性の場合インタビューは通常1回。
②インタビューの際、弁護士の援助を受けることができる。
③子どもの供述は、その年齢や成熟度に応じて配慮されなければならない。
④迫害に関する証拠を申請者に対して過度に要求してはならない。

なお、第1次審査の判断を出さなければならない期間に関する規定はないが、移民局によると平均6カ月で終了するという。

この審査期間中は申請者の身体拘束は原則として行われないが、例外的に拘束される場合がある。

明らかに根拠のない申請に対する手続

明らかに根拠のない申請をした者については、入国が拒否され直ちに送還され

る。この「明らかに根拠のない申請」の概念の具体的内容については、次のような場合があるとされている。
　①明確に人権侵害のない国からの入国者
　②政府が先例に基づきうち立てた要件に合致しない入国者
　③ノルディック諸国あるいは保護が与えられる国からの入国者
　④ダブリン条約に基づきEU加盟国に送り返すことができる者[*4]

不服申立（appeals）制度

　移民局の決定に対する不服申立は外国人控訴局に行う。
　この申立によって当然には執行停止の効果（automatic suspensive effect）はない。したがって申請者は別に執行停止の申立をしなければならないが、通常不服申立によって事実上執行が停止される。ただし「明らかに根拠のない申請」については、即時執行命令が出されるから、実際上も執行停止の申立をしなければならない。この申立を入れて執行停止が出されるのは稀ということである。
　外国人控訴局は、政府により指名された議長および副議長、ならびに国会で指名された政治家（lay persons）によって構成される。特別な場合は2名の議長と2人の政治家が審査委員会（Board）を構成し審査するが、通常は1名の議長と2名の政治家で審査する。ただ、実際のケースのほとんどを占める重要でないアピールについては、議長のみで決定を出す。議長と副議長の資格は、裁判官または相当の経験をもつ法律家とされている。
　外国人控訴局の審査は通常6カ月から1年を要する。
　不服申立に対する認容率は約37％（1997年から1999年の3年間）で比較的高率である。
　この外国人控訴局での審理は書面審理が中心で、申請人本人による陳述の機会がなく機密性が高いと批判されていることについてはすでに述べた（文献③参照）。

難民申請者に対する法的援助や通訳援助

　無料の法的援助は通常受けられるが、「明らかに根拠のない申請」の場合や明らかに難民の地位が認められるケースでは無料の援助はない。

[*4]　ダブリン条約とは、シェンゲン補足条約に規定された難民の地位の申請を審査できるのはEU加盟国中の1カ国にかぎるというルールに関し、その審査国を決定する基準とその国の義務について規定した条約である。

手続全般に無料の通訳がつく。

家族等の同伴者のない未成年が難民申請者である場合については、以下のような規定がある。

（a）このような未成年が入国しようとするときには、保護者（guardian）と法的事項に関する代理人が指名される。これらの者が未成年者の権利を守るためにインタビューに立ち会う。

（b）未成年者による申請に対しては、6カ月以内に決定を出さなければならない。もし認定を拒否する場合は、移民局はその未成年につき、ほかの人道上の理由により保護の必要があるかどうかを審査しなければならない。未成年の母国の家族のもとへ帰すことができる場合は、未成年が家族のもとへ帰るまでの間、一時的滞在許可（6カ月間、延長可）を付与する。

難民申請者に対する住居の提供

移民局は難民申請者の受入れに関して責任を負担し、すべての申請者に対し十分な居住を提供しなければならない。

申請者は通常短期間（2、3日）、「調査センター」（investigation center）に居住し、その後申請が審査されている間「居住センター」（residence center）で生活する。

現在、調査センターは6カ所（ストックホルム、ゴーテンバーク、マルモなど）あり、さらに小規模の調査センターが居住センターの中にいくつかある。

居住センターでは、申請者は備え付けの家具と自炊設備のある部屋に住む。家族は同居するが、単身者は通常2名で住む。

調査センターや居住センターでの居住は強制されない。もし申請者に家族や友人がいる場合はセンター外で居住することができる。現在約50％がセンター外に住んでいる。センター外で居住する申請者に関し移民局は責任を負担しないが、もし申請者が望むのであればいつでもセンターに居住できるようにしなければならない。

難民受入れ政策の現状

スウェーデンは従来、難民申請者に寛大な国とされてきたが、1989年以降の旧ユーゴスラビアなどからの大量の移民の流入を引き金に、受入れに対し消極的な傾

向にあるとされる。また、EU諸国との歩調を合わせた厳格な難民認定手続へ移行していると指摘されている（文献③参照）。

　しかしながら、日本の難民認定制度と比較すると、難民概念の広さ、認定基準の具体性、審査機関の独立性や審査の透明性、審査中の身体の自由の確保、難民に対する援助制度の充実といった点で、難民の保護および適正手続の保障が厚く、日本が学ぶべき点が多いと思われる。

結びにかえて

　私たちのスウェーデン入管制度の調査は短期間のものであった。そのため、収容施設などの見学や入管当局との話合いも急ぎ足でやらざるをえなかった。しかし、限られた時間のなかで私たちは充実した調査を行えたと思っている。それは第1にNGOのメンバーの惜しみない援助のおかげであったが、それに加えて、私たちの調査を快く受け入れ、オープンに収容施設を見学させ、現在の入管制度の問題を率直に語ってくれた入管当局の職員の協力があったからである。

　そして私たちが最も感銘を受けたのは、入管当局とNGOが、ときには入管行政をめぐって鋭く対立しながらも、基本的には互いに信頼関係を維持し、よりよい入管行政を構築していこうという姿勢を強くもっていることであった。このような信頼関係が、私たちの調査に対しても非常に率直で開放的な対応を示してくれた理由であろうと思う。

　私たちは今回の調査の経験を日本でも生かし、まだまだ閉鎖的で権威的な日本の入管行政を少しでも開放的で透明度の高いものへと変えていくため、入管当局に今後も働きかけを続けたいと考えている。

■参考文献■
①Aliens Act (1989:529) with amendments October 1997
②佐藤以久子「スウェーデンにおける庇護制度」法と民主主義1998年11月号
③Michael Williams "The detention of foreigners and refugees in Sweden" (2001年8月9日東京三弁護士会主催「外国人・難民の収容はどうあるべきか」における講演
④Immigration Controls in Sweden (Sweden government 2000.7.30)
⑤Legal and Social Conditions for Asylum Seekers and Refugees in Western European Countries/ Sweden (The Danish Refugee Council May 2000)
⑥Report to the Swedish Government on the visit to Sweden carried out by the European　Committee for the Prevention of Torture and Inhuman or Degrading Treatment or Punishment (CPT)/ 25 February 1999
⑦Sweden's Migration Policy 1998 (Ministry for Foreign Affairs)

（おにつか・ただのり）

外国人収容施設と政策

秋本陽子

はじめに

　刑事施設さながらという日本の入管施設を知っている私たちは、スウェーデンの入管施設および入管政策に驚くばかりであった。快適な処遇に呆然としていた私たちにNGOスタッフをはじめとして、外国人収容施設所長や職員、ならびに移民局課長までもが「彼ら（被収容者）は犯罪者じゃないからだ」と答えた。自信をもって答える彼らの態度にはスウェーデン入管政策の「妥当性」が証明されているのもしれない。

　スウェーデン入管政策の基本は概観すると、次の3点である。

①人道的処遇
②NGOとの連携
③統合政策

　①については、前述したように「犯罪者扱いしない」という考えに基づいている。②については、入管政策において積極的にNGO意見を採用する、移民局職員の採用にあたっては努めてNGO出身者を採用する、NGOに閉鎖収容施設への出入りを許可して、被収容者との対話／交流を奨励するなどである。③については、難民認定された外国人がスウェーデンで支障なく生活できるように地方自治体などの協力を得て、難民認定者に対して統合プログラムを提供することなどである。

　ところで、前章で説明しているように、スウェーデンにおいて外国人の出入国、在留、および難民認定などを管理する基本法令は外国人法（Aliens Act:1989年制定／1990年7月1日施行／1997年10月改正）である。今回、私たちは2つの外国人収容施設を訪問したが、両施設とも収容や処遇条件などの点で同法が厳格適用および運用されている施設であり、スウェーデン政府が誇れる外国人収容施設であるといえよう。

収容施設の概要

　前章で説明しているように、収容施設には開放処遇の居住センターと調査センター、ならびに閉鎖処遇の収容所がある。

　居住センターに居住するのは、調査センターでの調査後に難民認定を受けた外国人か、または難民申請中の者で、犯罪性がなく難民認定可能性の高い外国人である。居住期間は各人の事情によって異なるが、施設外の居住先が見つかるまで暫定的に居住する。たとえば、難民認定者は統合プログラム（後述65頁参照）によるか、または知人などの伝手で居住先を見つけるまで居住する。一方、難民申請中の者であってもスウェーデンに親戚、友人などがいる場合は、彼らを頼って施設外に居住することができる。

　収容所とは、①スウェーデンにおいて在留を拒否された外国人（すでにスウェーデンに滞在していて在留資格を喪失した者）または②入国可否の審査中にある外国人を収容する閉鎖処遇の収容施設である。すなわち、収容所は、①の意味では、日本の東日本入国管理センターや西日本入国管理センターなどの収容施設に相当し、②の意味では上陸防止施設の機能も果たしているといえる。

　①の外国人とは、いわゆるオーバーステイの外国人である。査証（原則3カ月）、滞在許可（原則最長2年）、就労許可（一定期間）などの在留資格の失効によって警察に身体拘束され、犯罪性がないと認められて（麻薬や売春など犯罪性があるときは警察に拘留）移民局に移送された外国人である。彼らは退去強制令を受けて出国するまで、または不服申立をして判断が下されるまで閉鎖収容される。

　②の外国人とは、入国時の6時間以内の取調べで身元不明であり、調査を要する者である。収容所で入国または在留を決定するための審査が行われる。収容期間は48時間、2週間、2カ月、6カ月または無制限と、そのつど事情に応じた審査の必要性によって決定される。一般には、外国人控訴局（Aliens Appeals Board）に不服申立をしないかぎり1カ月以内の閉鎖収容で退去強制、入国拒否などの最終決定が下される。

カールスルンド収容施設

　アーランダ国際空港の近くにあるストックホルム・カールスルンド収容施設には、緑

広大な敷地の中には、自由に使える電話ボックスもある

居住センターの部屋はとても明るい

グラウンドでは子どもたちが遊んでいた

スウェーデン

の多い公園を思わせる広大な敷地の中に、開放処遇の居住センターと調査センター、ならびに閉鎖処遇のストックホルム地区収容センターがある。
　私たちは、スウェーデンのNGO、FARRのマイケルさんたちの案内で、内部を見せてもらった。

居住センター

　平屋で数棟が並ぶ居住センターは、神奈川県大和市にある定住化促進センターに似ている。ここに居住する外国人には家具付きの部屋が提供され、食料や生活必需品などは無償で支給される。単身者には4～5人の相部屋、家族には家族用の部屋が用意され、各人が自炊をする。居住センターは閉鎖ではないので、居住者に移動制限がなく、いつでも施設外に買い物に出かけることができる。
　居住センター内を歩き回っていた私たちに、お茶でも飲んでいかないかとばかりにイラク人青年が声をかけてきた。彼は私たちを自室に案内してくれた。彼の部屋は日当たりのよい清潔な4人部屋で、現在4名とも同胞であるという。陽気なイラク人たちは私たち客人のためにバナナを差し出すなど、気楽にインタビューに応じてくれた。現在、彼らは難民申請中で、近々許可が下りる見込みだ、という。そして、居住センターでの生活に不満はないと述べていた。
　なるほど居住センターには張りつめた緊張感がない。庭の芝生でチェスをしている者や、サッカーやバスケットに興じる子どもたち、またおしゃべりしている女性たちなど、居住者が思い思いに自由な時間を楽しんでいるように見えた。

ストックホルム地区収容センター

　カールスルンドのストックホルム地区収容センターは居住センターの一角に1棟あり、外部からは居住センターと見分けがつかない。内部に入るには、受付で来訪者／面会者名簿に記帳し、来訪者／面会者の身元が確認されると、入室が許可される。一般に被収容者への面会が拒否されることはあまりない。私たちに同行してくれた教会のNGOスタッフは、頻繁に来所しているので「顔パス」であった。
　施錠が外され、職員の後について中に入っていく。重々しく、暗く、物々しい雰囲気を想定していたが、いきなり廊下の壁に貼られた写真付きの職員紹介ポスターが

フレンドリーなスタッフ・マップ

くつろげるロビーでは、被収容者がのんびりとテレビを観ていた

被収容者の荷物はきっちり鍵をかけて保管

スウェーデン

目に入った。被収容者に「私たちのことを知ってもらわなければならないので、顔と名前のわかるポスターを貼った」という。

さらに進んでいくと、明らかに職員ではないと思われる被収容者に出会った。職員に制服がないので、初めての来訪

いつでも飲めるように食堂入口に備え付けのジュースやコーヒー

者には被収容者と職員の区別が難しい。ちなみに私たちを案内してくれた女性職員は、イラン系スウェーデン人である。

被収容者は管理室などの一部スペース以外は、内部のどこでも自由に歩き回り、設置されている備品を自由に利用できる。職員は出会う被収容者1人1人に声をかけていく――「元気?」「調子はどう?」。返事をする被収容者もいれば、しない者もいる。私たちも出会った被収容者に「こんにちは」と声をかけたが、私たちは日本とのあまりの違いに顔が引きつっていたらしく、返事をされないまま、逆に「何しに来たの」という奇異な目で見られてしまったようである。しかし、NGOスタッフは各被収容者の事情や状況をよく把握しているので、個別に丁寧に話しかけていた。

内部の構造は中央に中庭（20メートル四方・屋根なし）があり、そのまわりを廊下が取り囲み、さらに以下のさまざまな部屋に通じている。

居室

居室は、家族以外は男女別の2人～4人部屋である。使用者が在室している居室については、彼らの許可を得て中を見せてもらったが、彼らが他の部屋などに行って不在のときは、職員から入室を制止された。

被収容者は、カミソリなどの危険物を除いて私物を何でも持ち込むことができるが、別にロッカー室が用意されているので、私物を大量に持ち込んでいる被収容者はいなかった。

どの居室もきちんと整理整頓されている。各居室には窓があるが、逃亡できない構造になっていて、窓からは少し空間を置いてコンクリートの壁しか見えない。

外国人収容施設と政策

電話もランドリーも自由に使える

食堂

　食堂には、包丁以外の台所道具がすべて用意されている。業務用大型冷蔵庫には厚さ10センチほどの円盤のような大チーズをはじめ食料がぎっしり詰まっていた。料理をするのは常駐しているコックと、料理好きな被収容者である。食堂への出入りは自由であり、被収容者は自由に備え付けのコーヒーやジュースを飲んだり、クッキーなどを食することができる。

シャワー室

　シャワー室はいつでも利用できる。シャワー室の隣にはランドリー室があり、洗濯機と乾燥機が置いてある。もちろん無料である。

電話

　さらに被収容者は電話室からいつでも外部に電話をかけることができる。原則として市内は無料だが、長距離や国際電話は各自の負担である。

娯楽など

　少し狭く、蔵書が豊富とは言えないが図書室も完備している。被収容者の母語で書かれた本があるかどうかはわからなかったが、被収容者は勝手に書棚から本を取り出して読むことができる。
　また娯楽室には、ビリヤード台やテレビなどがあった。さらに、コンピュータが数台配置されたコンピュータ室もあり、被収容者はEメールはもちろん、インターネットで外部情報を入手することができる。ちょうどネパール人で難民申請中という青年2人がコンピュータを使っていた。

↑ここで書いた絵は廊下の壁などに展示→

図書室の蔵書は今後揃えていく予定

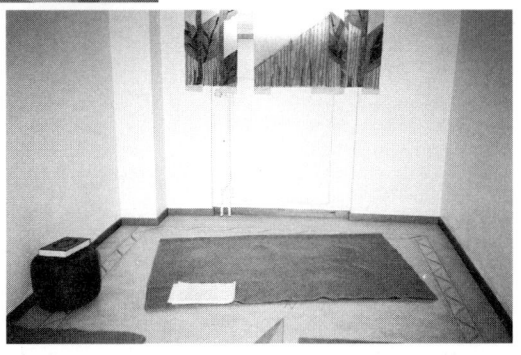

ここなら1人でゆっくりとお祈りができる

外国人収容施設と政策 **59**

充実のジム設備！

娯楽室では、みんなとおしゃべりをしたり、ビリヤードをしたり、カードゲームをしたりして過ごす

パソコンルームでは、インターネットにアクセスできる

屋外の空気を吸いたいときはここに出る

外国人収容施設と政策

一方、絵心のある被収容者のために、絵画室が用意されている。収容所の廊下の壁には絵画が数点かけられているが、それは被収容者の作品だという。「これはいい絵でしょう。プロ級の人もいるんですよ」と職員は絵画の由来に自慢げであった。
　さらに被収容者は運動不足に陥りがちなのでジム施設がある。スポーツクラブにあるような健康や体力維持のための器具が置いてある。なかにはこういう器具をはじめて見る被収容者もいると思われる。「使いなさいというと、彼らには拷問だと映りませんか」と職員に素朴な質問をしてみたが、失笑を買ってしまった。そのほかに運動場もある。
　また4メートル四方の小さい瞑想室がある。ストレスを抱えず精神を落ち着かせるためには宗教が必要だという。お祈りをしたい人はいつでも瞑想室に来てお祈りができる。

外部のチェック

　以上の処遇環境のほかに、カールスルンドのストックホルム地区収容センターには、NGOスタッフ（FARR、Red Cross、Amnesty International、Caritas）が被収容者のカウンセリングを行うNGOルームがある。NGOスタッフはほとんど毎日のように来所して、被収容者の相談に応じるとともに情報提供や外部との連絡代行をしたり、さらには収容や処遇などの面でストックホルム地区収容センターまたは移民局に提言をしている。また週3回医師が定期的に来所し、被収容者の健康をチェックする。さらに弁護士はいつでも来訪できる。
　また被収容者の調査に際しては、特殊な通訳機を介して可能なかぎり被収容者の母語で聞取りが行われる。この通訳機は電話と接続され、外部にいる母語の通訳者につながる。被収容者の言葉が同時に通訳および記録されるので、誤訳や誤解が回避される。
　さらに被収容者には生活費として1日3ドル程度

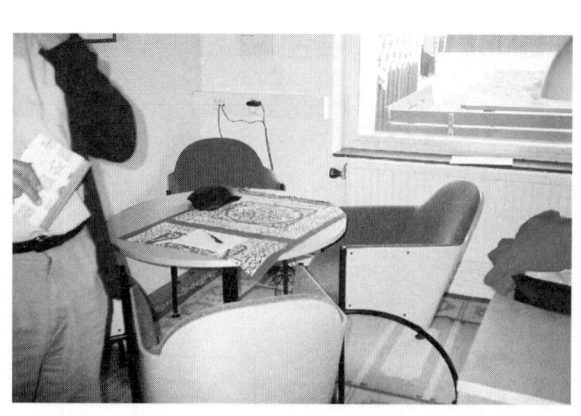

NGOの使う専用の部屋まで用意されている

が支給される（実際の支給額は為替レートによって異なる）が、ストックホルム地区収容センターにいるかぎり、電話代とタバコ代以外は不要である。

ストックホルム地区収容センターの収容定員は40名であり、2000年8月29日時点では33名が収容されていた。

フレン収容施設

スウェーデンの内陸にあるフレン収容施設には、閉鎖処遇の収容所のみがある。ストックホルム地区収容センターより規模は小さいが、提供された設備、備品など処遇環境は同様である。ここにはNGOルームはないが、NGOスタッフはいつでも来所して、ストックホルム地区収容センターと同じような活動をしている。

設備面で特筆すべきところは、建物に併設された運動場（約30メートル四方）である。フレン収容施設自体が木立の中に建てられているので、被収容者にとって運動場は戸外の新鮮な空気を存分に吸収できるスペースである。高さ約5メートルの塀に囲まれているとはいえ、青空を仰ぎ、塀越しに屹立した針葉樹群が目に入る。またここは喫煙場所でもある。被収容者はいつでも運動をしたり、喫煙ができる。塀の壁には壮大なペインティングがあった。被収容者の作品だという。

フレン収容施設の収容定員は20名であり、2000年8月30日時点では16名が閉鎖

フレンの運動場は森に囲まれ空気が最高。傍らの喫煙所は塀にも木々の絵が

外国人収容施設と政策

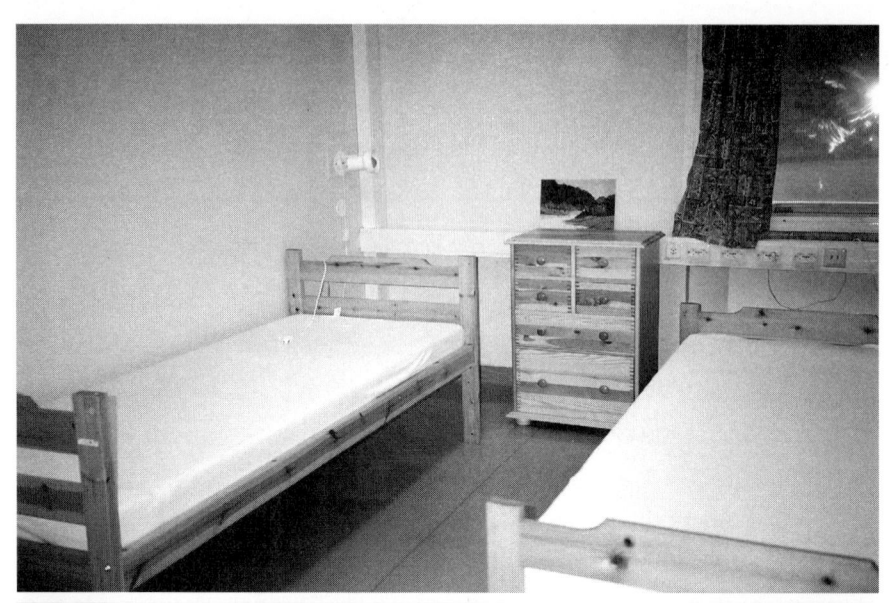

フレンの居室(上)と面会室(下)。どちらもアットホームで明るい雰囲気

収容されていた。

「収容」概観

　外国人が身体拘束された収容状態にあることと、ほとんどの移民局職員がトランシーバーと鍵を持って収容所内を歩き回っていることを除けば、スウェーデンの収容所は、外国人収容施設とはとうてい思えないほど快適な処遇が提供されている。閉鎖ということを除けば、まるで立派な社宅である。

　スウェーデン外国人法では、被収容外国人には人道的配慮をもって彼らの尊厳を損なわない処遇をすることが義務づけられている（6章18項）が、収容所の処遇はまさしく同規定を字義通りに実行した結果であるといえる。

　また職員の意識にも人道的観点が徹底されている。法曹資格をもつフレン収容施設の所長は、「ここで快適に過ごしてもらいたい。彼らの満足は私たちの満足である。退去強制になっても彼らのプライドを傷つけないような形で、むしろ彼ら自身に事態を理解してもらい、自らの意思で出国していただくようにしている」と語り、しかしながら「たとえ1日でも（閉鎖）収容はよくない。数日収容しただけで必ず拘禁症状が出る」と述べている。

　一方で、穿った見方をすれば、このような「快適な処遇」はコスト・パフォーマンス上の結論ともいえる。「閉鎖収容」には費用がかかり、収容が長期化したり、被収容者が増えると、それだけ国家の負担は増える。したがって、費用を最少限にするために、法令上「やむをえず」閉鎖収容せざるをえない被収容者については可能なかぎりのケアを提供する。つまり、メンタルケアを強化したさまざまな設備の設置は、いかなる設備または処遇であれば被収容者の拘禁症状などが回避できるかについて、心理学的な分析を行った結果なのであろう。

スウェーデンの外国人政策

統合政策

　スウェーデンでは、難民認定された外国人がスウェーデン社会に円滑に統合または迅速に適応できるように統合プログラムを提供している。これは移民局が自治体、

労働組合、雇用者団体、NGOなどの協力のもとで難民認定者に実施しているプログラムである。難民認定を受けた外国人には一般のスウェーデン人と同様にID番号が与えられ、さまざまな社会保障が受けられると同時に居住先、仕事、学校などが紹介される（もちろん、移民局からの提案を拒否してもよいが、その場合は、自力で探す必要が生じる）。ID番号を有するということは、スウェーデンにおいてスウェーデン人と同様の権利が付与されることを意味する。

スウェーデンの非正規滞在外国人

　ところで、スウェーデンでは、日本で取り沙汰されている非正規滞在外国人問題はあるのだろうか。概観すると、結論的には、ないといえる。スウェーデンでは、在留資格がない、いわゆる「不法滞在」として摘発を受けた外国人が必ずしも退去強制されることはないからである。

　外国人法では、ノルディック諸国の市民権を有する外国人を除いて、3カ月を越えてスウェーデンに在留する外国人は在留許可を有することとし（1章4項）、在留許可期間が失効した、または在留許可が取り消された外国人は退去強制を受けることがあるとされている（4章3項）。しかしながら、在留資格のない外国人が摘発または身体拘束されたとしても、速やかに退去に応じる外国人を除いて、その外国人のスウェーデンとのつながり（家族や親戚がいるなど）やスウェーデンにおける滞在期間が考慮されるので、犯罪性などの特別の事情がないかぎり、収容所や刑事施設に閉鎖収容されずに、永住許可（permanent residence permit）を申請し、取得に至ることが多いようである。

入管政策の問題点

　スウェーデンの入管政策は、上述したように総じて「妥当」に見えるが、それでもNGOなどはいつかの問題点を指摘する。

　退去強制までの手続があまりに事務的かつ煩雑で、外国人の諸事情が十分に検討されていない、入国時に指紋採取や適宜身体検査が行われるなど人権無視の措置が採られているなどと批判し、原則「非収容」を貫くべきだと主張している。

　また入管政策における警察の関与である。1997年10月、改正外国人法のもとで

収容施設の管轄および入管業務は警察から外務省移民局に移行したが、外国人が収容施設に引き渡されるまでの入国時の取調べは引き続き警察が担当している（外国人法4章4項／5章／6章9項）。また収容にあたっては警察が移民局に協力することになっており（同法6章17項）、外国人収容施設で、脱走（ほとんど皆無）、暴力、喧嘩などが起きた場合、移民局は警察に通報して問題を起こした被収容者の身体を警察に引き渡して、刑事施設に収容することができる（同法同章19項）。身体が警察の管理下に移送されると、NGOは被収容外国人の支援やケアができなくなる。

　また非正規滞在者とみられる外国人に対して、警察はパスポートやID番号などの提示を求めることができ、スウェーデンに居住する外国人はこれを拒否することができない（同法5章6項）。警察が不審だとみなした場合、身体拘束されることがある。その際、その者の主張の真偽を確認するために、たとえば、言語テストなどが実施される。主張された国籍を確認するために、発言をテープに収録して、実際にその言語のネイティブ・スピーカーにチェックしてもらうということが行われる。

終わりに

　NGOが指摘するようにスウェーデンの外国人政策／施設には依然として問題点があるとはいえ、スウェーデンの外国人収容施設では、被収容者の人権に十分に配慮した処遇が施されている。法令で規定した収容における人道的配慮（外国人法6章18項）を履行するために移民局が積極的に外国人政策へのNGO参画を奨励し、さらには統合プログラムまで策定している。これは、オンブズマン制度を発展させたスウェーデンだからというよりも、官民が一丸となってベスト・プラクティスをめざすという姿勢が国全体に貫かれているのだろう。スウェーデンの移民研究者、トマス・ハンマー教授は「スウェーデンはウェルフェア（福祉）国家ではなく、フェアウェル（それに別れを告げる）国家になりつつある」と述べているが、たとえそうだとしても人権が全く配慮されない日本の入管施設になることはあるまい。今後、EUの一員としてスウェーデンの外国人政策が修正されることもありえようが、人権擁護団体などから評価された現行政策の妥当な部分を維持し、かつ発展させて、世界に範を垂れるような外国人政策を示してもらいたいと考える。

（あきもと・ようこ）

オーストリア

訪問日：2000年8月22日～8月25日
訪問者：大橋 毅、木村 壮、高橋 徹
訪問先：シュブハフト、シュブハフト社会相談センター、カリタス（いずれもウィーン）

オーストリア外国人法と日本の入管法
身体拘束制度を中心とする比較

大橋 毅（弁護士）

概要

　日本にいる外国人は、出入国管理及び難民認定法（以下「入管法」という）によって規制されている。

　オーストリアにいる外国人は「外国人の入国、居住および定住に関する法律」、いわゆる1997年外国人法（以下「外国人法」という）によって規制される。

　いずれの法律も、外国人を強制送還する場合に、送還の前に身体拘束をすることに関する規定を置いている。

　以下においては、おのおのの法における、外国人の入国および強制送還の手続を、身体拘束の制度を中心に比較する。

入国審査

上陸の許否

　外国人法では、もし本国において非人道的な扱いを受けたり、非人道的な刑罰、死刑を科されたりする危険があると考えられる有効な理由がある場合、また人種や国籍、特定の社会的集団のメンバーであること、政治的な意見によって生命や自由が危険にさらされると考えられる根拠がある場合、国境での入国拒否は許されない（57条1項、2項）。市民的及び政治的権利に関する国際規約（以下「自由権規約」という）7条、拷問及びその他の残虐な、非人道的な又は品位を傷つける取り扱い又は刑罰を禁止する条約（以下「拷問等禁止条約」という）3条、難民の地位

に関する条約（以下「難民条約」という）33条などの履行を保障する規定である。

日本もこれら条約を批准しているにもかかわらず、日本の入管法には、上陸時において庇護希望者に対する上陸拒否を禁じる規定がないことは、問題である。

審査手続

外国人法では、前項に述べた危険を訴える外国人は、国境における入国拒否の理由に反論する機会を与えられるまでは、そのような措置を受けない（57条3項）。聴聞の機会の手続的保障規定である。

上陸審査時の扱い

外国人法では、入国を拒否された外国人が法的もしくは現実的な理由によってすぐに出国できないときは、特定の場所、地域、期間を定めて留まるように指示される（53条1項）。出国義務の期間を守らなかった場合は、強制送還の対象となる（56条1項2号）。

日本の入管法13条の2「退去命令を受けた者がとどまることができる場所」にあたるものであり、いわゆる上陸防止施設を指す。

退去強制手続

退去強制の基準

外国人法では、もし本国において非人道的な扱いを受けたり、非人道的な刑罰、死刑を科されたりする危険があると考えられる有効な理由がある場合、人種や国籍、特定の社会的集団のメンバーであること、政治的な意見によって生命や自由が危険にさらされると考えられる根拠がある場合、強制送還、退去強制はできない（57条1項）。自由権規約7条、拷問等禁止条約3条、難民条約33条などの履行を保障する規定である。なお、ここにいう「強制送還」とは、当局が本国に戻るよう強制することであり、「退去強制」とは、当局が強制的に出国させることである。

日本の入管法には、53条3項に、難民条約33条1項に沿った規定があるものの、

拷問等禁止条約3条に沿った規定を置いておらず、本国において非人道的な扱いを受けたり、非人道的な刑罰を科される危険があると考えられる理由がある場合の保護が国内法上明文化されていないことは問題である。

　また、外国人法57条4項には、人種や国籍、特定の社会的集団のメンバーであること、政治的な意見によって生命や自由が危険にさらされると考えられる根拠がある場合であっても外国人を退去強制することができる例外的場合を、「連邦の安全を脅かす場合、オーストリアの裁判所の最終判断により重大な普通犯罪の有罪判決を受けていた場合、そのような処罰すべき行為があった場合」と規定している。これは難民条約33条2項の規定に沿うものである。

　日本の入管法53条3項は、同じく例外規定を置くが、「法務大臣が日本国の利益又は公安を著しく害すると認める場合」と曖昧な規定になっており、難民条約に沿っていない疑いがある。

身体拘束の根拠

　日本の入管法は、強制送還前の身体拘束として、収容令書による収容（39条）と退去強制令書による収容（52条5項）を規定する。前者は、退去強制事由の存否および在留特別許可の可否についての審査段階の収容であり、後者は退去強制令書発付後の収容である。両者は、後述のとおり、収容の期間などについて、顕著な違いを有する。

　外国人法では、第6編第2章に、外国人の身体拘束に関する規定がある。

　外国人法でも、拘留命令は、審理中の保全措置として発付される場合と、退去強制確保のための措置として発付される場合とがある。しかし、居住禁止または国外退去命令が執行可能になり当該外国人の出国を監督する必要がある場合には、審理中の保全措置として発付された拘留命令は、当該時点から退去強制確保のための措置として発付されたものとみなされ（69条3項）、連続的なものとなっており、いずれの拘留命令も、強制送還前の拘留命令として、ほぼ共通した規制を受ける。

　なお、カリタス（NGOの1つ。次章の「入管収容施設とNGOの活動」参照）によれば、1999年には16,628人が退去強制に先立って身体を拘束され、そのうち1万人が実際に退去強制され、約6％の人が2カ月以上拘禁施設に収容されており、300人以上が未成年（19歳未満）であった。

外国人法の拘留命令、入管法の収容令書・退去強制令書の発付はいずれも、行政庁による処分としてなされることは共通である。

収容の要件

オーストリアにおいては、退去強制を待つ間の身体拘束は、オーストリアからの退去または追放の手続確保のための措置として必要な場合にかぎり、許される（外国人法61条1項前段）。

さらに、オーストリアに合法的に在留している外国人がなんらかの退去強制事由に該当した場合の身体拘束は要件が厳しく、このような外国人に対して退去強制に先立つ身体拘束の令状の発付が許されるのは、当該外国人が手続を逃れようとしていると認められる場合のみである。

このように、外国人法では、身体拘束はその必要性がある場合にのみ許されることが明文で定められている。

また、外国人法では、一応身体拘束の必要性がある場合であっても、より自由制約が少ない措置によって手続上の保全措置が可能であると推測するに足る理由がある場合は、身体拘束を控えることができるとの明文がある（66条1項前段）。

さらに未成年者については、強制送還前の拘留によってのみ手続上の保全の目的が達成されると推定するに足る理由がないかぎり、当局はより寛大な措置をとる必要がある（66条1項後段）。これは子どもの権利条約37条（b）二文を考慮したものであろう。

さらに、16歳以下の外国人については、その年齢および成長段階に適した施設および処遇が保障されている場合のみ身体拘束が許される。つまり、たとえ身体拘束の必要があっても、拘束中の処遇の保障がなされえない場合には、身体拘束自体を認めないとするものである。当該外国人に対する適正な処遇が保障されなければ身体拘束自体を認めないとする外国人法の立場は、外国人の管理のための行政権といえど、人権に優越するものでないということを揺るがせにしないものといえ、尊敬に値する。

入管法は、強制送還前の身体拘束として、収容令書による収容（39条）と退去強制令書による収容（52条5項）を規定する。明文上は、外国人法と異なり、収容の必要性の要件の記載がなく、より制限的でない措置をとる裁量の余地の記載もな

く、また未成年者に対する特則もない。日本の入国管理局は、いわゆる収容前置主義を標榜して、収容の必要性がない場合でも収容でき、かつ収容しなければならないとする解釈をとり続けている。また、未成年者の収容についても特別な配慮を法的に義務づけられていることを認めたことはない。

　しかし、身体拘束は必要最小限にのみ許されるということは、人身の自由の保障から当然に帰結する原則である。それゆえ入管法も、明文はなくとも、外国人法と同様、収容の必要性を収容の要件とするものと解するべきである。

　まして、日本も批准する子どもの権利条約を無視することは許されない。入管法も、収容によってのみ目的が達成される場合でないかぎり収容は許されないと解するべきであり、また、年齢および成長段階に適した施設および処遇が保障されなければならない。

> 外国人法61条1項　外国人は、居住禁止 (residence ban) あるいは国外退去命令 (expulsion order) の決定が執行可能となるまでの手続上の保全措置として必要な場合にかぎり、または強制送還 (deportation)、退去強制 (forcible removal)、移送 (transit) の措置についての保全措置として、必要な場合にかぎり、逮捕・拘留 (Schubhaft) することができる。
>
> 　連邦領内に合法的に居住する外国人については、国外退去命令前の拘留命令は、確実な事実に基づいて、被審査者が手続を免れようとすることが推測される場合のみ、発付することができる。

> 外国人法66条1項　当局は、より寛大な性格の措置により目的の達成が可能であると推測するに足る理由があるときは、強制送還前の拘留命令を課すことを控えることができる。
>
> 　未成年者（19歳未満）については、当局は、身体拘束令状を執行しなければ当該令状の目的を果たしえないという理由がなければ、より非制限的な方法を選択しなければならない。

> 外国人法68条2項　16歳以下の外国人については、その年齢および成長段階に適した施設および処遇が保障されている場合のみ強制送還前に拘留することができる。

手続保障

　外国人法に基づく拘留命令は、オーストリアの一般行政手続法57条によって発せられる（61条2項）。

　また外国人法によれば、拘留命令は、外国人に写しが渡されることになっており、代理人がいる場合は代理人にも遅滞なく写しが届けられるが（61条3項）、入管法では収容令書・退去強制令書とも、当該外国人に示すのみで足りることになっている（42条、52条3項）。

> 外国人法61条2項　強制送還前の拘留命令（orders for detention pending deportation）は行政処分（administrative decision）により課される。拘留命令の決定は、一般行政手続法57条に基づきなされる。
> 3項　もし外国人に告知を受ける権限を有する代理人がいる場合、強制送還前の拘留に関する行政命令の告知は、直接外国人に写しが渡されたときから効力を生ずる。そのような場合、遅滞なく写しを前述の代理人に届けるよう手配されなければならない。

異議申立制度

　外国人法では、退去強制に先立つ身体拘束令状の発付、逮捕、身体拘束について、独立行政審査委員会に対して異議を申し立てることができる（61条4項）。

　そして独立行政審査委員会は、異議に理由がある場合、当該外国人を釈放させる権限を有する（70条）。つまり実効的な救済が可能となっている。

　これに対して入管法には、身体拘束に対する異議申立制度の規定がない。

　また日本の行政不服審査法は、4条10号において外国人の出入国に関する処分を適用除外としている。収容令書に基づく収容については外国人の出入国に関する処分に含まれるかどうか議論がありうるが、退去強制令書に基づく収容については、適用除外とされてしまうだろう。

　直接に司法審査を求めるとしても、収容令書発付処分取消訴訟・退去強制令書発付処分取消訴訟の本案訴訟によっては、判決まで長期間かかり、救済の実効性

がない。また執行停止申立をしても、現在の裁判実務では、収容の執行停止は原則として認められない。

つまり、日本では、退去強制手続中の身体拘束に対する実効的な異議申立制度が存在しないのである。

これは大きな問題であり、立法的に解決するべきである。

> 外国人法61条4項　強制送還前の拘留命令の賦課については、72条に基づく苦情申立により不服を申し立てることができる。

収容期間

外国人法は、当局に対して強制送還前の拘留の期間ができるだけ短くなるよう努力すべきことを義務づけ、また基礎となる事実関係が同一である場合、退去強制に先立つ身体拘束は、2年間のうちで6カ月以上に及ぶことはできないものとして、収容期間を制限している（69条1項6項）。

さらに、拘留命令の有効性は、拘留が必要とされた理由が消滅したとき、あるいはもはやその目的がもはや達成できなくなったときは、否定されなければならないとし（69条2項）、このように必要性が消滅した拘留命令は、なんら手続を経ずに、外国人の釈放によって効力が解除される（70条1項）。

身体拘束の開始時においてその必要性が要件とされるのみならず、身体拘束中に必要性がなくなった場合にも釈放すべきことを明らかにしているもので、身体拘束は必要最小限でなければならないとの原則を具体的に保障している。

それに対して、入管法は、41条において収容令書に基づく収容の期間を原則30日、延長した場合にも合計60日に制限するものの、退去強制令書に基づく収容についてはその期間に関する規定がない。それゆえ入国管理局は、無制限の期間収容できるものと解して運用している。

日本の入国管理局は、そもそも収容の必要性を収容の要件ではないと解するので、収容の必要性が消滅した場合に釈放することも原則としていない。ただ入管法52条6項において、退去強制を受ける者を送還することができないことが明らかになったときは、住居および行動範囲の制限、呼出しに対する出頭の義務その他必要と認める条件を付してその者を放免することができると、裁量的な放免について

定めるのみである。

しかし、そもそも収容については収容の必要性がある場合にのみ許されるものと解するべきであることは前述のとおりである。収容の必要性が消滅した場合にも、以後の収容は許されるべきではなく、解釈論としても、収容令書および退去強制令書の収容部分の効力を否定するべきである。

> 外国人法69条1項　当局は強制送還前の拘留の期間ができるだけ短くなるよう努力しなければならない。
> 2項　拘留命令の有効性は、拘留が必要とされた理由が消滅したとき、あるいはもはやその目的がもはや達成できなくなったときは、否定されなければならない。下記の4項に掲げられた場合以外では、強制送還前の拘留は2カ月以上に及んではいけない。
> 3項　居住禁止または国外退去命令が執行可能になり当該外国人の出国を監督する必要がある場合には、審理中の保全措置として発付された拘留命令は、当該時点から退去強制確保のための措置として発付されたものとみなされる。
> 4項　ある外国人を強制送還することが不可能である、あるいは認められない理由が下記のうちの1つの理由だけである場合、
> 　1　75条に基づく申立（送還先の国で危害を受ける可能性があるような場合）に対する最終的な決定がなされていない場合、または
> 　2　当該外国人の身元および国籍が確認されていない場合
> 　3　他の国へ入国するのに必要な入国許可あるいは通過許可を持っていない場合、または
> 　4　拘束を受けることを拒否して強制送還を実行できなかった場合（60条）
> 　拘留命令は、最終決定の告知のとき（上記1の場合）、身元および国籍が確認されたとき（上記2の場合）、当局からの許可がおりたとき（上記3の場合）、強制送還が実行できなかったとき（上記4の場合）から最大4週間有効とすることができる。ただし、拘留期間は全体で6カ月を越えてはならない。しかし、上記の内容は、下記の6項に適合しなければならない。
> 6項　外国人に対して、2年間の間に、同じ事実に基づき6カ月以上強制送

還前の拘留を執行することはできない。
　この条項は、強制送還の実行のため、許可を受けてから最大14日間の間の拘留については含まれない。

外国人法70条1項　強制送還前の拘留命令は、正式な手続を経ずに、下記の場合には外国人の釈放によって効力が消滅する。
　　1　69条の規定によりもはやその効力を維持することが許されない場合
　　2　独立行政監視委員会が、効力継続の要件を満たしていないと認定したとき

収容施設

　外国人法67条1項は、「強制送還前の拘留は、拘留命令を課した当局の収容所において実行される。もし当局が拘留命令を執行することができない場合、最も近くに収容所を有する地域行政当局または連邦警察当局に対しその執行を求めることができる」と規定するが、オーストリアにおける実際は、地方行政府あるいは連邦警察の管理する拘禁施設に拘禁されている。
　これに比べ、外国人を検挙し審査する職員が処遇も担当する制度は、外国人を、法違反者であり追及対象として見る立場をそのまま処遇の場にもちこみ、処遇の適正を損なう危険をはらむ。
　入管法は、41条2項で入国者収容所、収容場その他法務大臣またはその委任を受けた主任審査官が指定する適当な場所を収容場所としており、実際は東日本入国管理センター、同西日本入国管理センターなどの入国者収容所と、地方入国管理局の収容場に収容することがほとんどである。いずれにしても、送還手続を担当する機関である入国管理局が、収容も管理する。
　収容中の処遇については、外国人法68条が「連邦内務大臣によって、定められなければならない」と広範な授権をしており、内容については「この規則は、命令の維持および空間的条件および人員配置の条件に適切に配慮しながら被拘禁者の権利と義務を定めなければならない」と定めるのみである。
　しかし、未成年者の処遇についてはとくに配慮されている。
　6歳以下の外国人については、その年齢および成長段階に適した施設および処

遇が保障されている場合のみ強制送還前に拘留することができるとされていることは前述した。

　さらに、未成年の被拘禁者は、成人とは別に拘留されなければならないものとされている。

　また、もし当該未成年者の両親または法律上の保護者にも拘留命令が発付されている場合は、当該未成年者は、原則として保護者と一緒に拘留されなければならないとして、家族が一緒にいられるようにしている。

　入管法は被収容者の処遇について、61条の7で定め、被収容者には、入国者収容所または収容場の保安上支障がない範囲内においてできるかぎりの自由が与えられなければならないとの原則を示したうえ、寝具貸与、糧食給与について規定し、また被収容者に対する給養は適正でなければならず、入国者収容所または収容場の設備は衛生的でなければならないと定めている。これらの具体的規定は外国人法にはない。

　一方で、入国者収容所長または地方入国管理局長は、入国者収容所または収容場の保安上または衛生上必要があると認めるときは、被収容者の身体、所持品または衣類を検査し、およびその所持品または衣類を領置することができること、入国者収容所長または地方入国管理局長は、入国者収容所または収容場の保安上必要があると認めるときは、被収容者の発受する通信を検閲し、およびその発受を禁止し、または制限することができることを定めている。実態においては、報道関係者の取材目的の面会の一律禁止や、難民認定申請者の国会議員への嘆願書を一部抹消するなど、保安上の必要を越えて、面会制限や検閲が行われた事例が報告されている。

　入管法61条の7は、以上に規定するものを除くほか、被収容者の処遇に関し必要な事項は、法務省令に広範な授権をしている。

>　外国人法67条1項　強制送還前の拘留は、拘留命令を課した当局の収容所（detention premises）において実行される。もし当局が拘留命令を執行することができない場合、最も近くに収容所を有する地域行政当局または連邦警察当局に対しその執行を求めることができる。もし後者の当局も同様に拘留命令を執行することができない場合、行政当局の所在する地域の刑事拘留所（courthouse jail）の所長に対してその執行を求めることができる。

他の法的義務に抵触することなく実行可能な場合、その所長はその求めに従わなければならない。

外国人法68条1項　地方行政当局または連邦警察当局の拘留施設において拘留がなされている場合は、行政罰法の53条 (c) の1項から5項が適用され、刑事拘留所 (court house jail) および刑事拘禁施設において拘留がなされている場合は、同法の53条dが適用される。
2項　16歳以下の外国人については、その年齢および成長段階に適した施設および処遇が保障されている場合のみ強制送還前に拘留することができる。
3項　未成年の被拘禁者は、成人とは別に拘留されなければならない。もし当該未成年者の両親または法律上の保護者にも拘留命令が発付されている場合は、当該未成年者は、とくに別に収容することがその者の利益になる場合以外は一緒に拘留されなければならない。
4項　地方行政当局および連邦警察当局の拘禁施設における拘留に関する国内の規則は、連邦内務大臣 (Federal Minister of the Interior) によって定められなければならない。この規則は、命令の維持および空間的条件および人員配置の条件に適切に配慮しながら被拘禁者の権利と義務を定めなければならない。

（おおはし・たけし）

入管収容施設と
NGOの活動

木村 壯

はじめに

　ヨーロッパの外国人収容施設はどのような建物の構造をもち、どのように運用されているのであろうか、これが私たちの関心事であった。そこで、日本と同じように外国人単純労働者の受入れを拒否しているオーストリアを訪ねることにした。
　私たちが訪れたのは、滞在資格のない外国人を収容する施設「シュブハフト」と、外国人の支援を行っているNGOのひとつカリタスの運営する施設（難民申請者のための施設としても使用されている）である。この視察で私たちの案内をしてくださったのは「シュブハフト社会相談センター（ウィーン）」（以下、SSD）というNGOのメンバーのバーガーさんだ。SSDについては後述する。

シュブハフト

　シュブハフトは、滞在資格のない外国人（超過滞在者、正規の手続を経ずに入国した者など）を収容する施設である。その意味で日本の入管収容施設に相当する役割を果たしている。私たちが訪問したシュブハフトは、軽犯罪、行政法違反を犯した者を収容する刑務所と共通の施設となっており、法務省と内務省の管轄となっている。
　外国人がこのシュブハフトに収容される典型的なケースとしては2つ考えられる。
　1つは、滞在資格のないままオーストリアに滞在しているところをなんらかの理由で地域の警察に発見、逮捕された場合である。この場合、各警察署に1度送られ、そこで収容の必要の有無、つまり強制送還の必要性が判断され、必要ありと判断されると次に外国人警察に送られる。ここでもう1度収容の必要の有無が検討され、

シュブハフトは街なかにあった（右側の手前の白っぽいビル）

ここでも収容の必要ありと考えられたときにシュブハフトに送られる。一般的には、滞在資格がない外国人は本国に強制送還するためシュブハフトに送られるが、難民申請者や、オーストリア人と結婚した者は収容されない。

　もう1つのケースは、国境で手続を経ずに入国をしようとして国境警備隊に発見された場合である。国境警備隊に拘束された外国人は、外国人警察に送られ、そこで収容の必要性が判断されてシュブハフトに送られるか否かが決定される。法律上は国境で国境警備隊に対して難民申請をすることも可能だが、実際には国境警備隊として国境に配置されている兵士は徴兵中の若い兵士で難民申請手続に通じていないため、ほとんどの場合、難民申請の手続に入らずにそのまま外国人警察に送られてしまう。そのため、難民申請をシュブハフトの中でするということもあるそうだ。

シュブハフトの構造

　それでは、実際に私たちが訪れたシュブハフトがどのような施設だったのかを紹介しよう。
　私たちが訪れたシュブハフトは、ウィーン市にある2つのシュブハフトのうちの1つ

で、ウィーン市の中心部から地下鉄で10分程度の場所にある。収容所というと市街地から離れた何もない場所に高い塀に囲われて存在しているようなイメージが一般にあるが、このシュブハフトは大きな建物が隙間なく連なる通りの一角にあった。シュブハフトは4階建ての建物で、1階には管理室エリア、面会室、医務室、運動場となっている中庭があり、2階以上が実際の収容スペースとなっていた。

　まずここで、このシュブハフトは、ここ5年間で施設が大幅に改善されたということに触れておこう。

　オーストリアに大量の移民が流入してくるようになるのは1990年代前半の東ヨーロッパの自由化以降だが、当時のシュブハフトの環境はひどいもので、94年と96年に訪れたヨーロッパ拷問等防止委員会の使節もその報告書でシュブハフトの環境の劣悪さを指摘した。当時のシュブハフトは建物が老朽化していて、シャワーが壊れているうえに衛生環境も悪く、ゴキブリが這っているような状況だったそうだ。また、医者の数が少ないという指摘もあった。

　このような指摘を受けてオーストリア政府もシュブハフトの環境の改善に着手せざるをえなくなり、建物は改修されることになった。私たちが訪れたシュブハフトは5年前にすでに改修が行われており、ウィーンのもう1つのシュブハフトは現在改修中だった。これから紹介する施設はすでに改修済みのものである。

管理室エリア

　管理室は1階の中庭に面したところにある。ここには過去にこのシュブハフトに収容された人たちのデータが保管してある。また、この部屋の片隅には、SSDが被収容者の相談や要求に応えるために被収容者に配付しているアンケートの回収箱があり、そのアンケートの内容は、喘息などの持病の有無、入院歴、現在服用している薬の有無、アルコールや薬物中毒になっていないかなどだった。バーガーさんは、その箱から数枚のアンケート用紙を回収していった。

　この部屋に隣接して、このシュブハフトに身体を移されてきたばかりの人を留めておく小さなカプセルのような部屋や入所手続をする部屋があった。なお、入所手続を済ませると、被収容者はみんな24時間以内に健康診断を受けることになる。これは、これから収容される者が収容に適した健康状態であるかどうかを調べるために行うのである。

収容スペースの構造

　2階以上が収容スペースである。シュブハフトの職員によると、ここともう1つの収容所を合わせると本来は600人収容できるのだが、もう1つの収容所が改修中なので現在は400人しか収容できないという話だった。

　現在、収容されている人数は、2つの収容所の合計で343人、男性275人、女性68人だった。そのうち滞在資格がないという理由で収容されている者が男性220人、女性50人だった。未成年（16歳以下の者は収容されないことになっているので17歳～19歳の者ということになる）は9名であった。

　そのほかに私たちは国籍についても伺ったが、多いのは東ヨーロッパ、ルーマニア、ロシア、バルカン半島のユーゴスラビア、それから、アフリカ、エジプト、インド、中国で、その他いろいろな国から来ているとのことで具体的な人数までわからなかった。ちなみに、日本人は1人もいないとのことだった。

　被収容者は、性別ごとに別々の階に部屋を与えられており、女性には1つの階が割り当てられていた。どの階も構造は同じで、上下の階をつなぐ階段は鉄格子で閉じられており、鍵を開けて中に入ると、左側には電話をかけるためのスペースが、正面には少し広い廊下があり、その先には独房がいくつも続いている。右側には職員の部屋があり、その先に被収容者の居室、突き当たりにシャワー室があった。

管理室にはこれまでに収容された人たちのデータが保管してある

ここより収容スペース

入管収容施設とNGOの活動　　**85**

檻はあるけど開けっ放し、電話は1人でかけられる（イスには電話帳と灰皿代わりの鍋が）

規則は多言語で表示

86　オーストリア

被収容者の生活

外部との連絡

　電話は、収容者が外部と連絡をとりたいときに職員の許可をもらって使用することができる。電話中に職員がついているということはないそうだ。この電話はテレフォンカードを使ってかけるタイプのもので、テレフォンカードはこの収容所で買える仕組みになっている。たとえ被収容者がお金を持っていないときでも、SSDなどのNGOを通してテレフォンカードを手に入れることができるそうだ。

　また、外部へ手紙を送ることも自由に認められている。そのための紙や筆記用具も希望すれば職員から得ることができるそうだ。

被収容者への告知

　正面の広い廊下には、右側に収容施設内の規則が掲げてある。被収容者の出身が世界各地に広がっていることを反映して、使用されている言語は英語、フランス語、ペルシア語、ウルドゥー語、中国語など17～18にも及んでいた。規則の内容は、起床、就寝時間、食事、衣服や持ち物の制限、シャワー、運動、電話、面会などシュブハフトでの生活全般に及ぶものだった。

　反対側の柱には、この収容所で購入できる日用品や食品の価格の一覧表が貼ってあった。被収容者は少額のお金を自分の居室に持っていることが認められており、そのお金で一定の量の食品やタバコ、日用雑貨、新聞や雑誌を購入することができる。ただし、購入できる時間は平日の朝9時から夕方の4時までに限られている。

独房

　廊下を突き抜けると、独房が左右に分かれて並んでいる。部屋の前には誰が収容されているかを記した札がかけられるが、私たちが見学した階で現在使われている独房はたったの1部屋で、施設全体でもほとんど使用されていない状況だった。

　独房は、暴れたりする問題のある者や1人になりたい者を収容するために使用される。問題を起こして独房に収容された者であっても、法律上、電話や屋外での散歩は認められている。

　独房は4畳半よりも少し小さな部屋（約2.75×3.25メートル）で、中にはむき出し

入管収容施設とNGOの活動　**87**

まるで外国映画に出てくるような独房
でもあまり使用されていない

のトイレと古いパイプの簡単なベッドがあるだけだった。窓は鉄格子のついた小さなもので、部屋全体が薄暗い感じだった。私たちが見学した独房の壁には、ハンガーストライキの経過を記した落書きや、女性の裸を描いた落書きなどがあった。

居室

　一般の被収容者のいる右側のエリアは、いちばん手前に被収容者の部屋と向き合うかたちで職員の部屋がある。ここには常時2～3人の職員がいることになっており、被収容者の監視をしたり要望を聞いたりしている。法律の規定で、女性の被収容者の監視や世話は女性職員しかできないことになってい

母子用の部屋にはおもちゃが

るので、ウィーンの2つの収容所の全職員200人のうち40人は女性の職員となっているそうだ。

　女性の階の場合、職員の部屋の真正面にあるのが幼児を連れている母親のための部屋だ。オーストリアの制度では、16歳以下の未成年は、合法的な滞在資格がない場合でもシュブハフトに収容されることはない。彼らはカリタスなどのNGOの運営する施設に預けられるのである。しかし、3歳以下の幼児の場合は、母親が望むときには母親とともに収容することができる。そのようなときのために、幼児用のベッドやシャワー、洗面、トイレの備え付けられた部屋が用意されている。しかし、私たちが訪問したときには幼児を連れた母親はいなかった。

　その隣の部屋から奥は普通の被収容者の部屋で、4～5室ほどあった。1つの部屋にはだいたい4人ほどが収容されていた。いちばん手前側の部屋は配膳などの雑務のときに職員の手伝いをする人の部屋となっていたので部屋のドアは開かれたままになっていたが、その他の部屋はドアが閉じられた状態だった。被収容者のプライバシーがあるために部屋の中の撮影はできなかったが、ベッドが人数分並び、さらにまだいくらかのスペースが見られるほどの広さだった（幅約5メートル、奥行きはそれより狭いと思われる）。

被収容者は、居室の中で自分のテレビやラジオを使用したり、本や雑誌を読んだり、集団でカードゲームをすることも認められている。実際に私たちが見た部屋では、被収容者たちはテレビを見ていた。また、居室での起床時間は朝6時となっており、最低8時間の就寝時間が与えられるようになっている。

食事

　私たちはちょうどお昼の時間に見学していたので、被収容者の食事のようすを見ることができた。食事の献立は、穀物を固めたもの（パン？）とポテトと野菜のスープだった。

本日の昼食

　被収容者たちは、食事の時間になると部屋から出てきて、お盆の上の皿に食事を盛りつけてもらう。その配膳のようすは自由な雰囲気で、被収容者の1人は、私にしぐさでパンはスープにつけて食べるんだよなどと教えてくれたりもした。

　イスラム教徒など食事に特別の制限のある被収容者は、要求すれば特別の食事が提供されるようになっている。

シャワー

　居室の並びの奥には、トイレとシャワー室があった。シャワーの口は10ほどあり、ここのシャワー室は個室となっておらず1つのスペースで、数のわりには狭い感じがした（約4×5.4メートル）。

　職員によると、シャワーの使用は週に2～3回認められており、1回につき十分な時間（約15分から20分）が与えられているそうだ。ただし、シャワーの際に被収容者たちの引率を担当する被収容者の代表によって、5分程度で終了させられてしまうこともあるという。

　このほかに、被収容者には体を拭いたりするためのお湯が1日1回支給される。

トイレもシャワー室もちょっと狭いけど清潔

面会

　面会室にはいくつかの面会用のボックスがあり、ガラス越しに受話器を通して会話できるようになっていた。これは外来の友人や関係者が面会に来たときに使用するもので、面会に職員が立ち会うということはないとのことだ。面会は週に1回、土曜日か日曜日に30分間と決められている。

　さらに、この面会室の隣には、学校の教室くらいの広さの接見室とでもいうべきフロアーがある。弁護士やSSDなどのNGOの職員と面会するときには、その部屋で仕切りを隔てずに直接話ができるようになっている。この場合は面会時間や回数に制限はない。この部屋はほかに、被収容者の求めに応じて、神父（牧師）などを招いてミサをするためにも使用されるそうだ。

　なお、弁護士との接見は直接収容に関わらない問題、つまり民事事件などでも認められ、裁判に出廷することもできるそうだ。これは、入国管理施設に入れられてしまうと労働災害や給料未払いなどの民事事件に出廷できない日本とは大きな違いである。

面会用のボックス

医療

　医務室は、簡単な診察ができる程度の

入管収容施設とNGOの活動

中庭にはバスケットボールのゴールがある

構造だった。さほど広くない部屋に診察のための簡易ベッドがある程度で、そのほかは素人目にも診察器具が充実しているとはいいがたかった。ここには、3人の警察関係の医者が交代で毎日診察に来ている。しかし、ここでできることは頭痛を訴える人に頭痛薬を与える程度のことで、入院が必要と判断された場合には警察管轄の病院に移されることになる。

運動

　被収容者には1日30分屋外に出て運動する権利が認められている。そこで、被収容者たちは30～40人ずつ中央にバスケットゴールのあるバスケットコートぐらいの広さ（歩幅で図ったところ約15.5×7メートル）の中庭に出て運動をする。
　中庭は三方を建物に囲まれ、もう一方も非常に高い塀に覆われている。そして建物の上には監視カメラもついていた。
　ちょうど私たちが中庭を見学した後に、30～40人くらいの男性の被収容者が中庭にやって来て、それぞれ中庭をまわるように散歩したり、座って話をしたり、ボール持ってきて数人でバスケットボールをしたりして過ごしていた。
　また、天候などの都合によって屋外での運動時間がとれない場合は、別の方法

で体を動かす時間が与えられるそうだ。

シュブハフトの中の問題

　私たちはシュブハフトをひととおり見学した後、このシュブハフトの責任者にお話を伺った。そのなかで彼は、このシュブハフトの抱える問題として、予算の不足、言葉の問題、被収容者のトラブルを挙げていた。

予算の問題
　シュブハフトでは予算が不足しているため、職員や被収容者の環境の改善はなかなか進まないそうだ。ウィーンの2つの収容所の職員の合計は200人で、12時間交代のシフト制で働いている。しかし、みんなが超過勤務をしてなんとか仕事をこなしているのが現状なので、もう80人から100人程度の増員を希望しているが、予算不足のため、仕事に見合った十分な職員の数まで増員することができないという。
　また、職員の1人は、「ここに収容されている外国人は犯罪者ではないので、できるかぎり快適に過ごしてほしい。そのため、もう少し広い場所、テレビのある団欒室、スポーツのできる設備がほしいが、予算がないのでできない」とも言っていた。

言葉の問題
　言葉の問題も、予算不足の影響を受けているそうだ。前述したように、このシュブハフトに送られてくる外国人の出身地域はさまざまなので、ここで話される言葉もさまざまで、たとえば1998年から99年にかけては被収容者の使用する言語は32にも及んでいた。
　このように数多くの言葉を話す被収容者がいるため、意思の疎通が非常に困難であるにもかかわらず、予算の関係上、それぞれの言葉を話す通訳を収容所に常駐させることができないのだ。せいぜいドイツ語に加えて英語、フランス語を理解できる職員がいるだけだ。
　そのため、病気などとても重要な問題が発生した場合には、外国人警察に連れて行ってそちらで通訳を用意してもらうという対応をとらざるをえないのである。とくに珍しい言語の場合には、外国人警察であっても法定通訳を用意することができず、

民間人に通訳を依頼することもあるそうだ。

被収容者のトラブル

　被収容者のトラブルとしては、暴力事件やハンガーストライキなどがある。被収容者が職員に暴力をふるうことはほとんどないが、歴史的、文化的に敵対関係にある民族の被収容者同士が問題を起こすことはあるそうだ。このように民族的確執のある被収容者は同じ部屋に入れないようにしているが、それでも暴力事件はときどき起きるそうである。その場合には、一時的に皮手錠などで身体の拘束をするなどして対処していると職員は話していた。

　また、時には自傷行為に及ぶ人もいるので、そのような人に対しては、監視カメラの設置された、壁がゴムに覆われている特別な部屋に入れるという処置がとられる。しかし、この部屋に収容できるのは3時間が限度で、それを越えて監視が必要な人の場合は警察管轄の精神病院に送られるそうだ。

　職員によると、いまいちばん問題になっているのはハンガーストライキである。なかには、自分にビザがおりないのはおかしいなどという正当な不満からハンガーストライキをする人もいるが、ほとんどが収容される理由があることを承知していて、それでも外に出たいからハンガーストライキをしているのだという。

　シュブハフトとしては、健康状態が悪化し収容に適さないと判断された者は収容しないという方針をとっている。そのため、ハンガーストライキを押し通された場合、最終的には釈放することになる。このようにハンガーストライキに打って出る被収容者の数は非常に多く、この収容所では常時20人から30人がハンガーストライキをしている。そして、健康状態が悪化し、収容不適切と判断されてシュブハフトから釈放される被収容者の数は月に40人にものぼる。

　それでもこのように退去強制の確保よりも個人の健康を優先するのは、自由権規約10条などによっても要求される被収容者の人権保障を、退去強制手続のなかでもきちんと行うべきという考えの表れである。この姿勢は日本も見習うべきであろう。

SSD（シュブハフト社会相談センター）

　収容所の話の中でも何度か出てきたシュブハフト社会相談センター（SSD）を紹介しよう。この団体の主な活動は、被収容者の相談に乗ったり、法的、経済的支援

をしたりすることだ。具体的には、親戚や友人との連絡、法律相談、弁護士の紹介、警察や医者との間の書類の翻訳、洋服や本・雑誌などの差入れ、釈放されたときの住居の世話などである。

　彼らの活動はとてもきめこまかく、まず、収容の最初の段階で、シュブハフトの職員を通じて、健康状態についてのアンケート用紙や、被収容者の権利やSSDの活動内容が書かれたパンフレットが配られ、すべての被収容者がもれなくサービスを受けられるようになっている。NGOの作ったパンフレットが全員に手渡されるとは、日本とは雲泥の差だ。また、SSDの職員が火、木、金曜日の午後に必ず訪れることになっている。

最初に被収容者全員に配られるパンフレット

　このSSDは、キリスト教団体のカリタスと社会党系の社会福祉団体であるフォルクスヒルフェの職員から構成されるNGOで、1998年から内務省と合同でシュブハフトの環境改善にあたるために組織された。

　1990年頃から旧共産圏の国々からの移民が急激に増加し、オーストリア政府は移民の取締りを強化するようになった。それに伴って被収容者の数が急激に増加したため、シュブハフトの職員だけでは仕事が追いつかない状態に陥ってしまったのだ。このような状況に加え、1994年と96年の2度にわたってヨーロッパ拷問等防止委員会から勧告があったため、オーストリア政府もシュブハフトの改善に努めなければならなくなった。そこで、オーストリア政府は各州のシュブハフトごとに1つのNGOを指定し、シュブハフトでの相談や支援活動を担当してもらうことにしたのである。

　ウィーンのシュブハフトでは、カリタスとフォルクスヒルフェの合同チームが「シュブハフト社会相談センター」として担当している。職員の数は全部で6人で、カリタスとフォルクスヒルフェがそれぞれ3人ずつ出している。SSDはあくまでも内務省とは独立の組織であるが、その予算は政府によって賄われており、3年ごとに更新されることになっている。

入管収容施設とNGOの活動　　95

カリタス

組織

　カリタス（ウィーン）は、キリスト教団体で、伝統的に貧民救済などの活動を行ってきたが、現在では老人福祉や外国人支援など社会福祉全般を活動範囲としている。カリタスには全体で2,000人の職員がおり、このほかにも多数のボランティアが活動を支えている。外国人支援の部門には、そのうち60人の職員が配置されている。

　外国人支援の部門では、4つのハウスを運営している。ハウスというのは、滞在資格の有無にかかわらず、経済的な理由などで自ら住居を確保できない外国人のために部屋を提供している施設のことをいう。

　日本とは異なり、難民申請者には一時的な滞在資格が認められ収容されることのないオーストリアでは、住居を確保できない難民申請者のために、政府が自ら運営する施設または政府が代わりに借り上げたペンションなどが提供される。しかし、実際には施設の数が不足しているため、1999年には2万人以上にも及ぶ難民申請者のうち3分の1くらいしか利用することができなかった。しかも、これらの公的な施設はどのような条件の難民申請者に提供されるのかが不明確で、運がよければ使用できるというものだそうだ。

　そこで、カリタスのようなNGOの運営するハウスが利用される。つまり、ハウスは、政府だけではできない難民申請者への住居提供という仕事を補完する役割も果たしているのである。

ハウスのようす

　私たちは、ウィーン市内に4つあるハウスのうちの1つを訪ねた。このハウスは、ウィーン市の中心からほど近い場所にあり、建物は5階建てくらいで、小さな中庭と地下室があった。1階にはこの施設の中で生活をする人が出入りするのに使う玄関があり、職員が外出と帰宅をチェックするようになっていた。そこから建物に入ると、まず小さなフロアーがあり、そのフロアーの壁には、中で生活する人たちによって絵が描かれていた。そのフロアーの片隅には差入れのパンが置いてあった。さらに奥

に入るとキッチンがある。レストランのような設備はなかったが、ここで生活している人たちの食事を賄うため大きな冷蔵庫がいくつもあり、その中には1食分をまとめた何種類かの冷凍食品がぎっしり入っていた。1階には、このほかに日用品置き場、共同の洗濯機置き場などがあった。

　ここで生活する人のなかには仕事をもっている人もいるが、ほとんどは生活に困っている貧しい人たちで、この施設では食事のほか入所と同時にシーツやその他の日用品も提供している。だから、ここで生活しているかぎり衣食住の心配はない。この施設の役割は衣食住の提供や独立の支援なので、施設からの外出のチェックはあるが、基本的には自由に生活できることになっている。

　地下にはここで生活する人たちが集まれるような部屋があり、子どもが遊ぶためのサッカーゲームも置いてあった。そして、2階にある職員のための応接室を除いて、2階以上は居住のスペースとなっていた。

　私たちはここで生活する、ある家族の部屋を見せてもらった。部屋はキッチンとリビングに分かれており、裕福とはいえないが日用品も足りている感じで、テレビやソファーなどもあった。1部屋の広さはだいたい8畳くらいだった。また、子どもがいたためにたくさんのぬいぐるみが飾ってあった。

視察を終えての感想

　今回、オーストリアのシュブハフトを訪問して非常に感銘を受けたのは、シュブハフトがとても風通しのよい施設であるということだった。そもそも私たちが施設の内部を見学できるということもそうだし、ヨーロッパ拷問等防止委員会の視察があること、被収容者がつねにNGOの相談や支援を受けられるような制度になっていること、被収容者が訪問者と面会したり、電話や手紙で外部と通信したりすることがきちんと保障されていること、などもそのいい例だろう。オーストリアのシュブハフトにおける被収容者の処遇の改善は、このように施設の運営が国際的な機関であるヨーロッパ拷問等防止委員会や民間の組織であるNGOなどにもオープンにされ、その監視や協力を受けるという制度によって達成されたのだ、とSSDのバーガーさんは言う。ならば、このオーストリアの成功例は日本の入国管理行政にもよい参考になるだろう。

（きむら・そう）

連合王国

訪問日：2000年8月27日〜8月31日
訪問者：児玉晃一、星野裕子
訪問先：キャンプスフィールド

連合王国の法制度

児玉晃一（弁護士）

概要

根拠法[*1]

1971年移民法（Immigration Act 1971、以下「1971年法」という）

連合王国（the United Kingdom）は、イングランドおよびウェールズ、スコットランド、北アイルランドなどの独立の法域を構成する連合体であるが、移民、難民に関しては、統一の連合王国法が適用される。後述するとおり、1999年に移民法の大改正がなされたが、現在でもなお基本法としての位置づけは変わっていない。

1999年移民および庇護に関する法律（Immigration and Asylum Act 1999、以下「1999年法」という）

1971年法以後、連合王国の移民法制は部分的な改正がいくつかの法律により行われたが、1999年法は、1971年法を全面的に改正するものである。

1971年法は、条文数37と6の附則[*2]からなるが、1999年法は全170条に及び附則も16を数える大部なもので、全面的な改正と見直しがされた[*3]。

ただし、たとえば、「1971年法……条1項の次に、以下の条項を追加する」というような定め方をしているので、1つの法典ですべての規定を見ることはできない。基本法たる1971年法をベースとして、その加除修正があるかどうかを探さなくてはならず、非常に複雑な法体系となっている。

[*1] 1988年法以下は、イギリス内務省のホームページ（http://www.legislation.hmso.gov.uk/acts..html/）で原文を入手できる。
[*2] 原文はSchedule。本稿では、体裁からすると日本の法令における「附則」が最も類するものであるから、この語を用いた。
[*3] 1999年法の制定に伴い削除された旧法の規定は、1999年法附則16「Repeal」にまとめられている。

所轄官庁

　主たる所轄官庁は内務省（Home Office）であり、その他、外務省、大法官省、労働省が関連官庁である。
　内務省内における権限分配は次のとおり。

内務大臣

　移民法においては、国務大臣（Secretary of State）が種々の権限を有する旨を規定しているが、実際上その権限行使のほとんどは内務大臣（the Secretary of State for Home Affairs）が行っている。さらに、その内務大臣の権限はその下部機関が行使しており、その主要実施機関は移民国籍局（the Immigration and Nationality Department）である[4]。
　国務大臣の権限は、入国許可後の滞在許可の付与、許可の内容（期間・条件等）の変更をすること（1971年法4条1項）、移民規則その他移民法施行に必要な規則を随時作成・見直しすること（同3条2項）、公益に合致すると判断した場合に退去強制を行うこと（同3条5項（b））などである。
　また、1999年法では、連合王国への入国の許否および付与された入国許可の変更や、入国後の滞在許可の付与および付与された許可の変更に関するより詳細な規定の制定（同法1条、同2条）、収容を解かれた者が宿泊する施設の供給（同法4条）、許可申請手数料の制定等（同法5条）が国務大臣に義務づけられた。

移民官（Immigration Officers）

　国務大臣によって任命され（1971年法附則第2第1条1項）、入国審査を行い、入国の許否を決する権限を与えられている（1971年法4条1項）。
　また、1971年法では退去強制は国務大臣の権限とされていたが（同法3条5項、6項）、1999年法では移民官に権限が一部委譲された（1999年法10条）。

出入国管理の対象

　イギリス市民、居住権[5]を有する英連邦市民（a Commonwealth citizen with the right of abode）および1994年のEEA（ヨーロッパ経済領域）[6]移民法によって連

合王国への入国・滞在資格を与えられたEEA内の国籍を有する者またはその家族以外の者は、入国・滞在については許可が必要である。

収容施設

　収容施設は、Detention Centreと呼ばれ、日本と異なり上陸地点におけるものと上陸後のものとは区別されていない。

　収容施設には、Campsfield、Dover Harver、Harmondworth、Heathrow Queen's Buildings、Gatwick Airport、Longport、Manchester Airport、Tinsley Houseなどがある。

　また、刑務所や警察署の留置場を収容場所として使用したり、上陸拒否をされた者が船舶もしくは航空機内にいるときは、その船舶等に収容することもできる（1971年法附則第2第16条1項、2項）。

　1998年7月27日に出版された、「Fairer, Faster And Firmer - A Modern Approach To Immigration And Asylum（より公正に、より速く、より確実に――移民および難民についての現代的アプローチ）」という政府白書（以下「1998年白書」という）によれば、1日当たりの被収容者の半数以上が刑務所の施設を利用しており、その大部分がHaslar PrisonとRochester Prisonで移民用に特別に設けられたユニットに収容されているとのことである。このように、刑務所を収容施設とすることは、問題とされている。たとえば、2001年11月5日に、国連の規約人権委員会は連合王国政府に対し、「庇護希望者を刑務所に収容することはやめるべき」と勧告している。

　この点、日本の入管法においても、入管の収容施設以外であっても収容することができることとなっているが（入管法41条2項・3項）、その場所は病院、検疫所、警察署、収容される者が乗っていた船舶等に限定されており（昭和28年6月14日法務省告示第368号「出入国管理及び難民認定法による収容令書又は退去強制令書によって収容することができる場所」）、しかも、これらを利用する例はきわめて稀である点で、日本のほうが厳格な運用となっている。

*4　石崎勇一「諸外国における退去強制及び送還手続に関する研究」（法務研究報告書第83集第1号）64頁。
*5　居住権（the right of abode）を有する者の定義は、1971年移民法2条に定められている。
*6　European Economic Area：1994年1月に発足した、当時のEC12カ国とスイス・リヒテンシュタインを除くEFTA5カ国により結成された自由貿易市場。

上陸審査

審査機関

　移民官は、上陸審査を行い、上陸の許否を決定する権限を有する。上陸許可には期間を付することができ、また条件を付することもできる（1971年法3条、4条1項、附則第2第2条1項）。移民官は、上陸審査に関して船舶や航空機への立入り検査の権限を有する（1971年法附則第2第1条5項）。

　1999年法は、国務大臣が、上陸許可に関連して命令により、より詳細な規則を制定する権限を有することを明記した（同1条）。

上陸拒否

　上陸審査の結果、上陸の拒否をするときには、審査を担当した移民官のみで行うことはできず、必ず主任移民官（a Chief Immigration Officer）もしくは移民調査官（an Immigration Inspector）の許可を得なくてはならない。

上陸審査時の収容

　上陸審査中および上陸拒否後における収容につき、明文の根拠が存在する。日本の入管法には、上陸を拒否された者を「上陸防止施設」等に留め置き、その自由を奪うことについて明文の根拠規定がないことと比べ、著しい差異がある。

審査中の収容

　移民官は、入国を希望する者につき、その入国審査に必要な期間、その者を収容することができる（1971年法附則第2第16条1項）。

上陸許可を得られなかった者の収容

　移民官は、上陸を拒否された者で、退去命令を下されると疑うに足りる相当な理由のある者（船舶等の乗組員の場合を含む）については、退去命令が下されるかどうか決定されるまでもしくは退去命令が執行されるまでの間、収容をすることが

できる（1999年法140条1項）。

上陸を拒否された者の退去

　上陸を拒否された者および不法入国者で上陸許可・滞在許可を得られなかった者については、移民官は次のとおり、命令をすることができる（1971年法附則第2第8条1項、同第9条）。
　(a) その者が乗ってきた船舶、航空機の長に対して、その船舶もしくは航空機により連合王国からその者を退去させること
　(b) その船舶、航空機の所有者もしくは旅行代理店（agent）に対し、命令に明記もしくは概括的に記載された、その所有者が有する船舶・航空機もしくはその旅行代理店が代理を務める船舶によって連合王国からその者を退去させること
　(c) 任意の船舶等の所有者もしくは代理店に対し、命令によって明記もしくは概括的に記載された、下記のいずれかの方面へ向かう船舶・航空機を手配して、その者を退去させること
　①退去させられる者の国籍国もしくは市民権のある国
　②その者がパスポートもしくは身分証明書を取得した国または地域
　③その者が連合王国へ来る際に船舶等に乗った国もしくは地域
　④その者が入国することが許される理由のある国もしくは地域
　上記 (a) (b) は、退去される者が乗ってきた船舶等が特定できる場合、(c) は密航などで特定できない場合の規定である。
　そして、1999年法14条は、退去させられる者が付添いを必要とする場合がしばしばあることに鑑み、付添いを付すことができること、およびその場合の費用負担に関する規定を設けた。
　ただし、上陸許否拒否をされてから2カ月を超えた者については、上記の規定による退去命令を下すことはできない（1971年附則第2第8条2項）。

不服申立

不服申立の権利

　入国許可を受けられなかった者は、移民不服裁判所（the Immigration Appeal

Tribunal)の審判官[7]に対して、不服申立をすることができる（1999年法59条）[8]。ただし、パスポートの不所持など、容易になしうる立証をしなかった場合にはこのかぎりではない（1999年法60条1項ないし5項）。庇護希望者の場合は、難民条約違反を理由として、不服申立ができる（1999年法69条1項）。

そして、国務大臣は規則により、不許可となった者に対して、その理由および退去先の記載された書面を交付することができる（1999年法附則第4第1条）。日本で上陸拒否をされた者に対しては、このような書面の交付がされることはないが、理由を記載した書面の交付は、判断内容の適正さと、手続の公正さを担保するために有効な手続であり、一般の行政手続においては当然に要求されているものである（行政手続法8条1項・2項）。

不服申立による執行停止効

上記の不服申立をしたときには、それまでに入国拒否を理由として出されたあらゆる命令の効力は、その者がすでに退去されてしまった場合や、あるいは不服申立中に新たな命令がされない場合を除いて、停止する（1999年法附則第4第10条）。この点も、日本の行政手続とは著しく異なる。仮に上陸拒否処分に対して行政訴訟を提起したとしても、執行停止の申立を別途行い、決定を得なければ法律上、執行は停止されない（行訴法25条1項）。

不服が受け入れられなかった場合の手続

1971年法では、審判官の決定に対して、許可を受けることを条件に、移民不服裁判所へ再不服申立ができる旨の規定があった（同20条）。しかし、1999年法は1971年法の不服申立に関する"Part II"（12条ないし23条）の規定をすべて削除したうえで、不服申立に関する制度を整備した結果（1999年法附則第14第49条）、再不服申立の制度は廃止された。

---

[7] その構成員は大法官（the Lord Chancellor）によって指名される。その資格等については1999年法附則第2に詳細な規定が置かれている。
[8] 上陸許可に関する不服申立を含め、不服申立に関する手続は1999年法により、全面的に改正された。1999年の「Part IV」（セクション56ないし81）が該当箇所である。

退去強制手続

退去強制事由

　1999年法以前は国務大臣の権限であったが（1971年法3条5項、6項、同5条1項）、前記白書において将来的には連合王国に適法に入国した後に滞在資格がなくなった者すべてにつき、"Deportation"（法務大臣による退去命令）ではなく、行政上の退去手続によって退去させられるようにすべきとされたのを反映し、一部、移民官による退去命令（Removal Direction）による退去強制が認められることとなった。この点に関しては、日本では、退去強制令書の発付そのものには法務大臣は関与せず、主任審査官の権限とされている（入管法47条、48条、49条）。

移民官による退去命令（Removal Direction）

　移民官は命令により、連合王国市民以外の者に対して、次の場合に退去を命じることができる（1999年法10条1項）。
　①期間の制限のある入国または滞在許可を受けている場合、当該許可に付せられた条件を守らなかった場合またはその期限を越えて在留している場合（同(a)）
　②欺罔により滞在許可を得た場合（同(b)）
　③家族の一員がすでに退去命令を受けている場合（同(c)）
　ただし、先に退去命令を受けた家族が連合王国を退去してから8週間以内に退去の通知を与えたのでなければ、残された者に対して退去命令を発することはできない（同10条3項）。

国務大臣による退去（Diportation Order）

　次の各場合に該当する者は、連合王国から退去しなくてはならず（1971年法3条5項）、国務大臣はこれらの者に対して退去強制命令を発することができる（同5条1項）。
　①その者を退去強制することが公益に合致すると国務大臣が判断した場合（1971年法3条5項(b)）
　②17歳以上の者が拘禁刑に処せられるべき罪によって有罪判決を受け、裁判所が退去強制の勧告をした場合（同(c)）

不服申立

　国務大臣が退去強制命令を発するために下した退去強制の決定に対しては、移民不服裁判所の審判官に対して不服申立をすることができる（1999年法63条1項）。退去強制先に関する不服申立も行うことができる（同条4項）。庇護希望者に対して退去強制の決定をしたときには、難民条約違反を理由として不服申立ができる（1999年法69条4項）。

　日本の退去強制令書発付処分と異なり、連合王国の法律では、退去強制するべき者に該当するかどうかという判断手続（1971年法の3条5項）と、その者を実際に退去するための命令の発付手続を区分しており、ここで定められている不服申立は、前段階の決定に対するものである。したがって、具体的には、「その者を退去強制することが公益に合致する」との国務大臣の判断が、不服申立の対象となる[9]。

　そして、この不服申立がなされている間は、退去強制命令を発することはできない（1999年法63条2項）。

　これに対し、裁判所の退去強制勧告の適法性については移民法上の不服申立を行うことはできない（1971年法6条5項）。ただし、スコットランドを除いては、退去強制の勧告は、刑罰に対する上訴に関する法律との関係では刑罰として取り扱われるので（同(a)）、上訴の手続によって、勧告のもととなった刑だけではなく、勧告そのものについても争うことができる（1971年法6条5項）。

　そして、上記裁判所の勧告について争っている間も、国務大臣は退去命令を発することはできない（1971年法6条6項）。

　上記の不服申立が適法に行われた場合には、退去命令を発することはできない（1999年法附則第4第18条）。

収容の権限

無令状の逮捕[10]

　移民官は、次の各場合に、令状なくして逮捕する権限を有する（1999年法128

---

[9] そのうちでも、その者を退去強制することが国家の安全もしくは連合王国と他の国との関係などに有益として退去強制をした場合には、不服申立ができないこととなっている（1999年法64条(1)）。問題があるのではないか。

[10] 原文はarrestであり、detain（収容）とは区別された概念のようである。

条。下記①については、巡査も逮捕権限を有する)。

　①24条 (不法入国、超過滞在、滞在条件違反等) もしくは24条A (不実の申告により入国許可を取得した場合等)[*11] 違反の罪を犯し、もしくは犯そうとした者およびその疑いが十分にある者

　②25条1項違反の罪 (不法入国の補助) を犯した者もしくはその疑いが十分にある者 (1999年法128条)

　③25条2項違反の罪 (不法入国者等の隠避・隠匿) を犯し、もしくは犯そうとした者およびその疑いが十分にある者

　④合理的な理由なく、移民官もしくはその他の者の移民法の執行を妨げた者、もしくは妨げようと試みた者およびその疑いが十分にある者 (ただし、この場合には氏名不詳や、住所不明、自傷他害のおそれなどの別個の要件を充たす必要がある)。

裁判所による退去勧告がされた者の収容

　裁判所による退去勧告がされた者については、裁判所による命令または刑の執行として拘禁されているときもしくは裁判所が保釈により身体拘束を解いている間を除いて、退去強制命令を発するまでの間収容をすることができる。ただし、国務大臣がその者のケースにつきさらに検討をする期間、収容しないでおくことができる (1971年附則第3第2条1項)。

　裁判所の退去勧告を受け、国務大臣が退去命令を発するという手続上のタイムラグがあるので[*12]、その間の収容を可能にするものである。

仮放免

仮放免の手続

　1999年法は、仮放免手続について、44条から55条までの11カ条を設けている。次に述べるように、日本の入管法上の仮放免制度 (54条と55条の2カ条しか存在しない) と比べ、その手続・要件等に著しい差が存在する。

[*11]　24条Aは、1999年法28条により追加された条文。
[*12]　前述「国務大臣による退去」参照。

国務大臣による裁判所に対する仮放免の照会

　国務大臣は、裁判所に対して、1971年法の規定によって収容されている者を仮放免すべきかどうか決定するよう、照会をしなくてはならない（1999年法44条2項）。ただし、次の各場合は除く。

　①1971年法以外の規定によっても収容されている者

　②裁判所の退去強制勧告の結果として、退去しなくてはならない者（1971年法3条6項）

　③国務大臣に対し、裁判所へ仮放免をするかどうか照会をしなくてもよいとの通知を発し、それを撤回していない者

　日本の入管法では、仮放免は本人もしくは親族等の請求があってはじめて審査がされること（入管法54条）に比べ、著しい違いがある。

照会の手続

　(a) 国務大臣は、最初の仮放免の照会を、当該外国人が収容されてから9日以内に行わなくてはならない（1999年法44条5項）。また、それ以上収容されているときは、収容された日より33日目から37日目の間に、2度目の照会がされなくてはならない（同6項）。

　(b) この定期的な仮放免に関する聴聞（the routine bail hearing）は、その者が仮放免をするのに適しているかどうかという点のみについて行われる（1999年法44条7項）。

　(c) 裁判所は、最初の照会があったときには収容されてから10日を越えない日までに、2回目の照会があったときには38日を越えない日までに仮放免を許可するかどうか決しなくてはならない（1999年法44条8項）。

　(d) ただし、1997年特別移民不服委員会法3条2項に該当する者として収容されている者（国家の安全に危害を加えるおそれがあるとして収容されている者）に関しては、上記規定の適用はなく、国務大臣の照会も同委員会に対してなされ、その手続は同委員会の定めに従う（1999年法44条12項(b)、同条4項(a)等）。

原則仮放免許可主義

　収容された者は、原則として仮放免されるものとする（1999年法46条1項）。日

本の入管法54条2項が、きわめて抽象的な規定を置き、かつ、その審査には入国者収容所長または主任審査官に幅広い裁量を認めるかのような条文を置いているにすぎないのとは、法制度上著しい差異がある。

ただし、次の各場合に該当するときは、このかぎりではない。

（a）裁判所が、その者を仮放免を許可したときに次の各行為を行うと疑うに足りる相当の理由があると判断した場合（1999年法46条2項）

①仮放免の条件に違反すること（同（a））

②拘禁刑に該当する罪を犯すこと（同（b））

③単独でもしくは他の者とともに公の秩序維持に深刻な脅威を与えること（同（c））

（b）裁判所が、次の場合に該当すると判断した場合（1999年法46条3項）

①移民法に反して連合王国に入国することを企てている集団の構成員であることを知りながら、その者と親密な関係にあり、もしくはかつて親密な関係にあった場合（同（a））

②精神病に罹患し、彼自身のためもしくは他の者の保護のために収容を継続することが必要な場合（同（b））

③18歳未満であって、収容を解いた後にその者を保護する必要があるのに、十分な保護が期待できない場合（同（c））

④移民官から1971年法附則2条および2条Aの調査を受けなくてはならず、当該移民官が適切な判断ができない状況にある場合（同（d））

⑤連合王国からの退去命令が執行されている場合（同（e））

（c）裁判所が、その者が1997年特別移民不服委員会法3条2項に定める者に該当すると判断した場合（1999年法46条4項）

入管収容施設

民間委託

1999年法は、運営を民間に委託して行う入管収容施設を認めた（同 Part VIII "DETENTION CENTRES AND DETAINEDE PERSONS"）。

処遇について

　1999年法153条は、国務大臣に対し、入管施設の規則の制定を義務づけた。これを受けて、2001年1月29日、The Detention Centre Rules 2001（以下、「収容施設規則」という）が制定され、同年4月2日から施行されている。これらの規則は、上陸を拒否されて収容された者についても適用される（1999年法147条の定義規定参照）。

収容施設の目的（収容施設規則3条）
　収容施設は、安全でありながらかつ人道的な設備を被収容者に提供することを目的とする。その設備は、できるかぎりの移動と交流の自由を確保した、リラックスできるもので、安全・安泰な環境が保たれ、被収容者が最も生産的な方法で時間を過ごすことができるよう促進するものであり、とくに、被収容者の品位と個々の表現の自由を尊重するものでなくてはならない。
　被収容者が感じやすい特有の心配と過敏さをよく理解する必要がある。とくに、それが文化的な相違に基づくときは、なおさらである。

収容施設内のルールの周知（収容施設規則4条）
　(a) 国務大臣は、収容施設内で被収容者が有する権利と義務について記載した文書("Compact")を作成しなくてはならない。その内容は、この規則や、人権条約などに定められた権利・義務を偏りなく収めなくてはならない（同1項、2項）。
　(b) すべての被収容者は、収容されたときには、できるかぎり速やかに、かつ理解できる言語で記載された"Compact"を与えられなくてはならない。この"Compact"には、収容施設規則の規定や、収容施設内での生活上必要な事項（施設内での要望・苦情の方法に関する情報も含む）が記載されなくてはならない（同3項）。
　日本の被収容者処遇規則では、被収容者処遇規則に定められた遵守事項を被収容者にあらかじめ告知することが義務づけられており（被収容者処遇規則7条1項・3項）、現に収容施設では、入所審査室に遵守事項を数カ国語で記載したものが掲示されているが、文書を配付するという扱いはなされていない。また、その内容も「収容所等の安全と秩序を維持するため及び収容所等における生活を円滑に行

わせるため必要な」事項（7条1項）にかぎられる。連合王国と異なり、人権条約などに定められた権利の説明は義務づけられていない。

(c) 被収容者が18歳以下もしくは上記の情報を理解するのが困難と思われる者に対しては、収容施設の責任者（the manager）もしくはその代理に命じられた職員が、被収容者の権利・義務について理解できるよう、説明しなくてはならない（同(4)）。日本の被収容者処遇規則には、もちろん、このような規定は存在しない。

所持品

(a) 被収容者は、個人の所持品（現金以外）で収容施設内で使用するものを、手元に置いておくことができる。ただし、安全を害するものや施設の保管設備に入らないようなものは除く（収容施設規則6条1項）。

(b) 被収容者は自弁で、書籍、新聞、文房具その他の時間つぶしとなるものを購入し、所持することができる（同4項）。

収容の再検査および苦情のアップデート

(a) 国務大臣は、被収容者を最初に収容する際に、文書によりその理由を告げなくてはならず、またその後も1カ月ごとに同様の文書によって理由を告げなくてはならない（収容施設規則9条1項）。日本では、このような規定も、実務上の取扱いも存在しない。

(b) 国務大臣は、被収容者から要求があったときには、相当の期間内に、その者に関する事項（難民申請や、上陸許可、滞在許可、仮放免申請等）の進行状況について、最新の情報を提供しなくてはならない（同2項）。日本では、このような規定も存在しない。行政手続法9条は同旨の定めを置くが、外国人の入管手続については、同条の適用が排除されているからである（行政手続法3条10号）。

家族および未成年者の収容

収容施設規則11条は、家族および未成年者の収容につき、次のような配慮をしている。日本の被収容者処遇規則にはまったく見られない規定である。

(a) 収容された家族は、とくに保安上の問題がないかぎり、家族生活を送れるようにしなくてはならない（収容施設規則11条1項）。

(b) 18歳未満の者を収容するとき、もしくは家族を収容するときは、それに適し

た設備を提供しなくてはならない（同2項）。

(c) 幼児・子どものために必要と思われるものはすべて提供されなくてはならない（同3項）。

衣服

被収容者は、きれいで収容に不適切でなければ、自分自身の衣服を着ることができる。そして、収容施設外から十分に清潔な衣服を取り寄せるよう手配することが許される（収容施設規則12条1項）。

必要なときには、国務大臣はすべての被収容者に対し、暖かく、健康を保てるような衣服を提供しなくてはならない（同2項）。

衛生

(a) すべての被収容者は自らおよび他の者のため、衛生保持に気をつけなくてはならない（収容施設規則16条1項）。

(b) すべての被収容者は、健康と清潔の保持のために必要なトイレ用品を提供されなくてはならず、また、それらは必要に応じて備えておかなくてはならない（同2項）。

(c) すべての被収容者が毎日入浴もしくはシャワーができるような設備を設けなくてはならない（同3項）。

日常生活における行動の自由

収容施設規則では、次のような日常生活における行動の自由に関する規定が存在する。いずれも、日本の被収容者の実態と比べ、信じがたいほどの人権への配慮がされているが、このような当たり前のことを「信じがたい」と表現させる日本の実態のほうがきわめて異常なのである。

(a) すべての被収容者は、可能なかぎり、レクリエーションや、知的好奇心を満足させる行動、退屈を紛らわせる活動に参加できる機会を与えられなくてはならない（収容施設規則17条1項）。

(b) 技能を向上させるための活動や、収容施設ならびに地域へのサービスを向上させることは、当然のことながら、可能なかぎり奨励されるべきである（同2項）。

(c) 被収容者は、管理者から機会を与えられた範囲で、対価を得られる活動をす

ることができる(同3項)。この場合、国務大臣が認めたレートで対価が支払われる(同4項)。

　(d) すべての被収容者に対しては、教育を受けることが奨励されるべきである(同5項)。教育のためのプログラムは、すべての収容施設で提供される(同6項)。

　(e) すべての被収容者には、スポーツと健康維持のための行動という2つの側面をもつ、体育もしくはレクリエーションの機会が与えられる(同7項)。

　(f) すべての収容施設には図書館が設けられる。この図書館には、被収容者の文化、民族、言語に対応できる本が備えられ、かつ、適切な時間帯にそれらを読むことができるようにしなくてはならない(同8項)。

外気に触れる時間

　被収容者は毎日、少なくとも1時間は外気に触れられる機会が与えられる(収容施設規則18条1項)。ただし、安全保持のために必要な例外的な状況では、そのかぎりではない。

宗教

　(a) 収容施設内の宗教上の儀式は、被収容者の文化の相違や、宗教的なバックグラウンドに配慮して行われなくてはならない(収容施設規則20条)。

　(b) 収容される者が、自らが特定の宗教に属するものであることを明らかにすることを望むのであれば、管理者は入所時にその宗教を記録するものとする(収容施設規則21条)。

　(c) 宗教関連のマネージャーおよび牧師

　(i) すべての収容施設には、国務大臣の任命により、宗教関連の事項を取り扱うマネージャーを置かなくてはならない(収容施設規則22条1項)。

　(ii) いかなる収容施設においても、多数の特定の宗教に属する被収容者の要求があったときには、国務大臣は当該収容施設におけるその宗教の牧師を任命することができる(同2項)。

　(iii) 宗教関連のマネージャーは、被収容者が望むのであれば、収容後直ちに、その者の属する宗教の牧師に、個別に面会できるよう手配をしなくてはならない(同3項)。

　(iv) 当該宗教の牧師は、その宗教に属する被収容者で、病気の者、監禁されて

いる者、一時的な隔離収容をされている者、他の被収容者と隔離されている者については、希望があるかぎり、毎日それらの者のもとを訪れるものとする（同4項）。

（ⅴ）収容施設の管理者は、被収容者が望む範囲において、牧師がその宗教に属する被収容者のもとをなるべく多く訪れることができるよう、配慮するものとする（収容施設規則23条1項）。もし、その宗教に関して国務大臣が任命した牧師がいない場合でも、被収容者の希望があれば、できるかぎり多くその宗教の牧師がその被収容者を訪れることができるようにするものとする（同2項）。

（ⅵ）収容施設の管理者は、牧師が当該宗教に属する被収容者に対し、宗教上のサービスを提供できるようにするものとする（収容施設規則24条）。

（d）図書

宗教に関する本で、国務大臣が認めたものについては、すべての被収容者が個人的に利用できるようにしなくてはならない（収容施設規則25条）。

外部交通

被収容者の外部交通権の確保についても、日本の被収容者処遇規則とは比較にならないほどきめ細かな規定が置かれ、なるべく自由を損なわないよう配慮がされている。

外部とのコンタクト

（a）被収容者は、保安上支障がないかぎり、収容施設外の家族の訪問を受け、もしくはコミュニケーションをとることで、家族生活を享受することができる（26条1項）。

（b）被収容者は、保安上支障がないかぎり、できるかぎり自らの望む範囲内で、外部の人物や代理人との関係をもち、かつその関係を維持することができる（同2項）。

通信

（a）すべての被収容者は、自分の費用において、手紙を送ることができ、また手紙やファクシミリも受け取ることができる（27条1項）。

（b）被収容者に郵便費用を負担するほどの資力がないときには、国務大臣は、

相当の範囲内の手紙については、その郵便費用を負担することができる（同2項）。この場合に、被収容者は、手紙を書くために必要な文房具を提供するよう求めることができる（同3項）。資力がない被収容者が差し出す手紙がヨーロッパ人権裁判所や特別移民不服委員会、特別移民不服裁判所等の不服審査機関宛のものの場合には、いかなる手紙であっても、国務大臣が費用負担をする（同6項）。

（c）被収容者が送受信する手紙およびその他のコミュニケーションについては、原則として開封されたり、読まれたり、差し止められることはない。ただし、収容施設の管理者が、その内容が収容施設や当該被収容者以外の者の安全に危害を及ぼすか、さもなければ犯罪に関係するか、もしくは開封しなければ名宛人もしくは差出人がわからないと信じるに足りる相当な理由があるときは、そのかぎりでない（27条4項）。

（d）書簡を開披されもしくは読まれる際には、被収容者はその場に立ち会う機会を与えられる。また、書簡を開披・閲読・差止される理由につき、被収容者は事前に説明を受けるものとする（同5項）。

面会

（a）すべての被収容者は、希望するかぎり、国務大臣による一定の制限と条件の下で、訪問を受けることができる（収容施設規則28条1項）。ただし、国務大臣がとくに指示しないかぎり、保安のため、すべての面会は移民官の監視の下で行われるものとする（同2項）。

（b）面会は、原則として職員にその内容を聞かれない状態で行う。ただし、国務大臣が特定の場合に保安上必要と判断したときは、そのかぎりではない。その場合には、被収容者は事前にその理由の開示を受けるものとする（同3項）。

（c）いかなる法的手続かを問わず、被収容者の法的な助言者もしくは代理人は、相当な施設のもと、被収容者と完全に秘密で面会することができる。職員の監視も許されない（収容施設規則30条）。

電話の使用

（a）すべての被収容者は収容施設で、公衆電話を利用できる（収容施設規則31条1項）。

（b）かかってくる電話のために、別の電話のシステムを設けるものとする。そし

て、管理者は、そのような電話がかかってきたときには、被収容者に必ず知らせるものとする（同3項）。

(c) 被収容者に公衆電話をかけるのに必要な資力がないときは、国務大臣は相当な範囲で、その電話料金を負担するものとする（同4項）。

健康の維持

医療に関しても、収容施設規則は、次のようなきめ細かな規定を置いている。日本の被収容者処遇規則が、「衛生」(29条)、「傷病者の措置」(30条)、「伝染病等に対する予防措置」(31条)、「伝染病患者等に対する措置」(32条)とわずか4条のみしか規定しておらず、医師の常駐すら義務づけていないのと大きな差がある。

(a) すべての収容施設には、一般開業医として必要な研修を受け、Medical Act 1983（医療法）上の登録をされた医師を配置する（収容施設規則33条1項）。

(b) すべての収容施設には、医師をメンバーの1人とする医療対策チームを置く。このチームは、被収容者の身体的・精神的な健康をケアすることを目的とする（同2項）。

(c) 被収容者が医師の診察を希望したときには、移民官はその旨をすべて記録にとどめ、かつ、直ちに医師もしくは看護婦にその旨を伝えなくてはならない（同5項）。

(d) 医師は、その裁量で、他の医師に相談をすることができる（同6項）。

(e) すべての被収容者は、次の各場合に、収容施設内の医師およびその医師が相談をした医師以外の、登録された医師もしくは歯科医に診察をしてもらうよう、要求することができる（同7項）。

①被収容者が費用を支払うとき
②施設の管理者がその要求に合理的な理由があると判断したとき
③その診察申出が、収容施設の医師と相談した結果であるとき

(f) すべての被収容者は、希望があれば、同性の医師による検査を受けることができる（同9項）。

(g) すべての被収容者は、収容施設に入所後24時間以内に、医師による肉体的・精神的検査を受けることができる（収容施設規則34条1項）。ただし、被収容者がこれに同意しないときは、そのかぎりではない（同2項）。その場合でも、被収容

者の希望があれば、その後いつでも検査を受けられる（同3項）。

(h) 医師は、施設管理者に対して、被収容者が収容の継続もしくは収容の環境によって健康を害されようとしているときには、その旨を報告しなくてはならない（収容施設規則35条）。

他の者からの隔離

日本の被収容者処遇規則では、隔離（18条）に相当する。ただし、時間制限や、書面による理由の告知等手続規定の詳細さは、比較にならないほどである。

(a) 保安上、ある被収容者を他の被収容者と隔離する必要があることが明らかなときには、外部委託の収容施設においては国務大臣が、直接政府が管理する収容施設においては施設管理者が、その被収容者を他の者から隔離することができる（収容施設規則40条1項）。そして、外部委託の収容施設においては、緊急の場合、施設管理者が国務大臣の職務を代行することができる。ただし、できるかぎり速やかにその旨を国務大臣に報告しなければならない（同2項）。

(b) 国務大臣の許可がないかぎり、上記の隔離は24時間を越えてはならない（同3項）。その許可も、14日間を越えてすることはできない（同4項）。

(c) この規則によってある被収容者が他の者と隔離されたときには、訪問委員会（後述）のメンバー、医師および宗教関連のマネージャーにその旨を通知しなくてはならない（同5項）。

(d) 被収容者が他の者と隔離されたときには、そのときから2時間以内に書面によってその理由を告げられるものとする（同6項）。また、すべての隔離のケースにつき、施設管理者は国務大臣が定める方式に従って、詳細を記録しておかなくてはならない（同8項）。

(e) 施設管理者、医師等は、少なくとも1日1回、隔離された被収容者のもとを面会に訪れなくてはならない（同9項）。

有形力の行使

日本の被収容者処遇規則では、「制止等の措置」（17条の2）として規定がある。その有形力行使の方法の定めや、記録にとどめなくてはならないという規定な

どは、ぜひとも参考にすべきである。

(a) 収容施設の管理官 (a detainee custody officer) は、必要がないかぎり、被収容者に対して有形力を行使してはならず、行使しなくてはならないときも、必要最小限度のものにとどめるべきである (収容施設規則41条1項)。また、職員は故意に被収容者を怒らせるようなふるまいをしてはならない (同2項)。

(b) 有形力を行使したときには、施設管理者はその詳細を記録にとどめ、国務大臣に報告しなくてはならない (同3項)。

一時的な監禁 (Temporary Confinement)

(a) 国務大臣もしくは施設管理者は、手に負えない被収容者や、暴力をふるう被収容者については、特別な部屋にその者を一時的に監禁することを命じることができる。ただし、被収容者は懲罰として監禁されるものではない。また、その者が手に負えない状態や暴力をふるう状態を脱したときには監禁できない (収容施設規則42条1項)。

(b) 緊急の場合には、隔離の場合と同様の規定がある (同2項)。

(c) 特別室への監禁は原則として24時間を越えてはならない。ただし、国務大臣の職員が発する文書による命令があるときは、このかぎりではない (同3項)。

(d) 上記の命令には、監禁をする理由と、その期間を記載するものとする。その期間は、3日間を越えてはならない (同4項)。

(e) 上記命令のコピーは、監禁されてから27時間以内に被収容者に交付するものとする (同5項)。

(f) 訪問委員会等への通知、記録の作成・報告、管理者等による1日1回以上の面会については、隔離の場合と同様である (同6項ないし8項)。

特別の監督もしくは拘束

(a) 国務大臣もしくは施設管理者は、被収容者が自らまたは他人を傷つけたり、器物損壊をしたり、騒動を起こすのを避けるため、その者を特別の監督もしくは拘束下に置くことを命じることができる (収容施設規則43条1項)。

(b) 上記命令をしたときには、遅滞なく訪問委員会のメンバー、医師、宗教関連

のマネージャーにその旨を通知しなくてはならない（同3項）。

(c) 医師は、上記通知を受けた際、施設管理者に対し、その被収容者が特別の監督もしくは拘束下に置かれるべきかどうかについて医学的な見地から意見を述べるものとする。そして、施設管理者は、医師の勧告を受け入れるものとする（同4項）。

(d) 特別の監督もしくは拘束は、国務大臣の職員が発する文書による命令がないかぎり24時間とする（同5項）。

(e) 上記の命令書には、その理由と期間を記載することを要する（同6項）。その期間については、とくに定めはない。

(f) 緊急の場合の措置（同2項）、命令書のコピーの交付（同7項）、記録の作成・報告（同8項）、管理者等による1日1回以上の面会（同9項）について、隔離の場合と同様の定めがある。

訪問委員会

国務大臣は、各入管収容施設において、訪問委員会（The Visiting Comittee）の委員を任命しなくてはならない（1999年法152条1項）。

訪問委員会の役割は、次のとおり、収容施設規則によって定められている（同2項）。

この委員会や、次項で述べる王立主任監獄査察官（後述）といった外部による監督が明定されているところは、日本の入管施設と大きく異なる。日本では、監獄法の適用がある施設では、「学術の研究」等正当の理由があれば参観が許されるが（監獄法5条）、入管法上の収容施設ではまったくそのような定めもなく、収容施設内はブラック・ボックスとなっている。

(a) 収容施設に物品やサービスを提供する契約を結んでいる者は、委員となることはできない（収容施設規則58条）。

(b) 任期は原則3年であり、国務大臣がそれよりも短期間の任命をすることもできる（収容施設規則59条1項）。

(c) 任命された委員は、国務大臣の定める研修を、任命から12カ月以内に受けなくてはならない（同2項）。

(d) 訪問委員会は収容施設において月1回開催するものとする。それができな

いときにも、少なくとも12カ月に8回は開催しなくてはならない（収容施設規則60条1項）。

(e) 訪問委員会は、収容施設の建物の状態、収容施設の運営、被収容者の取扱いの充実を図ることを目的とする（収容施設規則61条1項）。

(f) 訪問委員会は国務大臣が要求したいかなる事項についても、調査をし、レポートをすることができる（同2項）。

(g) 訪問委員会は、虐待の事実を知ったときには直ちに国務大臣に報告するものとする（同4項）。

(h) 訪問委員会およびそのメンバーは、隔離、一時監禁、または特別の監督もしくは拘束下に置かれている被収容者の誰にでも、面会することができる（収容施設規則62条1項）。

(i) 訪問委員会およびそのメンバーは誰でも、被収容者から苦情や要望を聴取することができる（同2項）。

(j) 訪問委員会は、被収容者に提供される食事を、メンバーによって頻繁に調査することができる（同3項）。

(k) 訪問委員会は、メンバーによって作成されたか否かを問わず、委員会に対して提出された被収容者の肉体的・精神的な健康が収容によって害される可能性があるという内容のレポートが提出されたときは、その内容を調査するものとする（同4項）。

(l) 訪問委員会の委員は、頻繁に収容施設を訪問するものとする。そして、訪問委員会は、少なくとも毎週1回、当番の委員を決めて収容施設を訪問するものとする（収容施設規則63条1項）。

(m) 訪問委員会の委員は、誰でも、いつでも収容所を訪れることができ、収容施設のどの場所にも、またすべての被収容者に自由にアクセスできる。被収容者から話を聞くときは、職員による立会いは、監視を含め、一切排除できる（同2項）。

(n) 訪問委員会の委員は、収容施設の記録にアクセスできる（同3項）。

(o) 訪問委員会は、国務大臣に対し、収容施設の状態およびその運営、ならびに適切と考える助言や提言を含んだレポートを定期的に提出しなくてはならない（収容施設規則64条1項）。

王立主任監獄査察官（Her Majesty's Chief Inspector Of Prisons、以下「主任査察官」という）[13]

（a）主任査察官は、イングランドおよびウェールズにおける収容施設の査察もしくは査察の手配を行い、国務大臣に報告する（1999年法152条5項、1952年監獄法5A2項）。

（b）主任査察官はとくに被収容者の処遇と収容施設の状況についての報告を国務大臣に行う（1999年法152条5項、1952年監獄法5A3項）。

（c）国務大臣は、イングランドおよびウェールズにおける収容施設および被収容者の問題について主任査察官に照会することができ、また調査を命じることができる（1999年法152条5項、1952年監獄法5A4項）。

（d）主任査察官は、毎年国務大臣宛にレポートを提出し、国務大臣はその写しを政府に提出する（1999年法152条5項、1952年監獄法5A5項）。

（e）主任査察官は、査察を実施し、サポートをしてくれる約22名のスタッフを擁している。審査官たちは、専門査察官や助言者となる調査官を雇うことができる。査察官のなかには、刑務所での勤務経験がある者もいれば、健康管理、教育、建築および農場の専門家もいる[14]。

（こだま・こういち）

---

[13] 「王立査察委員会」と訳することもあるようだが、ここでは原文に忠実に訳した。
[14] http://www.homeoffice.gov.uk/hmipris/hmipris.htm より。

連合王国移民法上の収容施設

星野裕子

はじめに

　今回、私たちはイギリスの入管収容施設見学も予定していた。しかし、郵便会社のストライキ等、連絡時の事故により、実際には収容施設を視察することができなかった。そこで、本稿では、1998年4月に王立主任監獄査察官ディビッド・ランスボサム卿がまとめた、イギリス最大の収容施設であるキャンプスフィールド・ハウスの査察報告書の概要を紹介することによって、移民法上の収容施設の紹介としたい。

　なお、この査察は1997年10月13～15日に抜打ちで行われたものであり、1999年に移民および庇護に関する法律が、さらに2001年には収容施設規則が施行されたが、いずれも反映されていない。現在は、仮放免の実務、民間企業への委託等が改正の影響を受けて変更されていると思われるが、ここでは1997年度の報告書に則り、1997年10月現在の状況をそのまま紹介することとする。

　また、王立主任監獄査察官は調査後、98項目に及ぶ勧告を出しているが、ここでは収容施設の概要をつかむ、という目的から紹介しない。ただ、98項目の勧告のうち95項目は政府によって受け入れられたとの報告がなされており、受け入れられなかった3項目は、収容に対する司法府による監督（1999年法44条（2）の規定によって一部改正）、収容期限の設定、訪問者用センターの設置、となっている。

移民法上の収容施設の概要

入国拒否者の概要

　1996年には12万人が入国拒否、もしくは連合王国から退去させられている。

（87,000人のビザの拒否、6,000人の搭乗拒否、21,000人の上陸拒否、そして5,000人への退去強制の執行）。7年前の数は77,000件、12年前には35,000件であった。

そのなかで、収容されている人数は移民法上収容すべき人の1％にあたる。

退去強制にかかるコスト

国費による退去強制のための係官の付添いは10％程度で、平均して1件につき5,800ポンドである。その他の国費による退去強制の90％は付添いがないが、航空券の値段の平均は約680ポンドである。1997年から1998年にかけては820万ポンドの国費が全7500件の退去強制に費やされた。

収容施設のキャパシティ

1997年8月上旬で、取決め上は887人分の収容施設が移民法上の収容者を収容できることになっている。

- 移民収容施設：470人分
- 刑務所：417人分

しかし、刑務所に入所する受刑者の増加から320人分の刑務所のみを割り当てられている。移民法上の収容者を収容できる刑務所と収容人員は下記のとおり。

- ロチェスター：198人分
- ハスラー：103人分
- バーミンガム：12人分
- ハローウェイ：7人分

割り当てられた刑務所以外に、97人の被収容者が上記以外の刑務所に収容されている。

移民法上の収容施設と収容人員は下記のとおりである。

- キャンプスフィールド・ハウス（オックスフォード郊外）：200人分
- ティンズリー・ハウス（ガトウィック空港近く）：91人分
- ハーモンズワース（ヒースロー空港近く）：150人分

警察の留置場は1日4,500人分の施設を提供できるが、通常48時間以内とされ、退去強制もしくはその他の施設に移るまでの過渡的な滞在に使われる。

収容のコスト

　移民法上の収容施設が刑事拘禁施設よりコスト高であるが、それはスケールの問題である。1人 (Unit) にかかるコストは下記のとおり (本部＝内務省のスタッフの人件費は含まれず)。

　(a) 移民法上の収容施設
　・キャンプスフィールドハウス：69ポンド／日
　・ハーモンズワース：83ポンド
　・ティンズリー・ハウス：89ポンド
　(b) 刑務所
　・ハスラー：43ポンド
　・ロチェスター：51ポンド
　・ウィンソングリーン：62ポンド
　年間移民法上の被収容者にかけられるお金は2230万ポンドに上る。

収容の長さ

　入管法上の収容施設、刑務所での収容に期限はない。平均日数は65日だが、これには数時間のみの収容から2年間にわたる収容まで含まれる。収容は移民法上の手続の進行いかんに関わっている。

キャンプスフィールド・ハウスについて

沿革

　オックスフォード市より5マイル北にある。1939年に設立され、1952年以降は少年刑事施設として利用されていた。1993年に移民法上の収容施設として再開。以来グループ4という民間企業によって運営されている。運営方針 (regime) は「安全な宿泊施設」とされており、被収容者は外出を許されず、フェンスの内部では自由に生活することができる。

フェンスは非常に高く、しかも上には鉄条網のような鉄線が取り付けられている。この防備には、被収容者の逃亡防止のためだけでなく、外部の者による直接行動を防止するという側面もある（本書138頁参照）。

収容人員

　キャンプスフィールド・ハウスは移民法上の最大の収容施設で、200人（男性：164人、女性：36人）を収容することができる。査察2日目の際には105人の収容者がおり、90人が男性で、15人が女性であった。査察官は同ハウス開設以来3人しか子どもを収容していないとの説明を受けた。
　(a) 被収容者の出身国籍でいちばん多いのは
・インド人：21％
・ナイジェリア人：18％
　(b) 年齢別の分類で一番多いのは
・20〜29歳：60％
　(c) 期間の分類は
・1カ月未満：44％
・6カ月以上：10％
平均的な収容日数は10週間
　(d) どこから移送されてきたか？
・ヒースロー空港：33％
・マンチェスターの収容施設：30％
・警察署：20％
・ガトウィック空港：4％
・スタンステッド：2％

表1：収容理由による内訳

飛行機・船等の乗客 （Passenger）	46人（44%）
非正規入国者 （Illegal Immigrant）	53人（50%）
退去強制令書発付者 （deportee）	6人（6%）

表2：収容期間による内訳

1週間未満	8人
1週間以上2週間未満	7人
2週間以上1カ月未満	32人
1カ月以上2カ月未満	23人
2カ月以上3カ月未満	8人
3カ月以上4カ月未満	7人
4カ月以上5カ月未満	6人
5月以上6カ月未満	4人
6カ月から12カ月	7人
1年以上	3人

表3：国籍による内訳

インド	22人
ナイジェリア	19人
バングラディッシュ	7人
アルジェリア	7人
トルコ	6人
キプロス	6人
ガーナ	5人
ジャマイカ	5人
パキスタン	4人
中国	3人
モーリシャス	3人
エクアドル	3人
アンゴラ	3人
ソマリア	2人
チュニジア	1人
オランダ	1人
シエラレオネ	1人
ガンビア	1人
スーダン	1人
ポーランド	1人
リベリア	1人
スリランカ	1人
連合王国国籍	1人

・その他の収容施設（ハーモンズワース、ティンズリー・ハウス）：2%

・ドーバー港：1%

・刑務所：8%

　49人（全体の47%）が難民申請者で、17（全体の16%）人が移民官（Immigration Service）によって特別なニーズがある（special needs）と分類されていた。これらは自殺傾向がある人、過去に自殺をすると言って脅した人、逃亡の危険がある人もしくは以前に逃亡した人、破壊的だったもしくは暴力的な行為を行った人、未成年者、現在もしくは以前の食事拒否者、医療上の問題がある人（たとえば喘息やてんかんなど）である。

被収容者の生活

施設

　住居施設は2階建てとなっている。ほとんどの部屋は2人部屋となっており、1人部屋と4人部屋が若干ずつある。さらに2つの寮があり、1つは6人を、もう1つは7人を収容できる。

　すべての部屋にはカーペットが敷かれ、それぞれの収容者にベッドと椅子とタンスが備えられている。また、ほとんどの部屋にはカーテンがある。

　それぞれのエリアにシャワーとトイレが十分に備えつけてある。「日中の (day)」部屋ではテレビを見たり、卓球をすることができる。しかし、女性のエリアには浴室がなかった。

　有料電話は十分な台数が備えつけられているが、廊下にあって騒々しい。しかし、電話の濫用が多く、被収容者がいたずらで火事の緊急通報等をする場合がある。

母親と子どものための施設

　母子の収容は非常に少ないが、収容された場合には適切な設備が整っている。母親が入所手続を行っている間は、受付係官が子どもと遊ぶことになっている。子どもは母親の収容施設にのみに収容されることになっており、子どもの虐待等に関わったことのある男性との接触が起こらないようにしている。

ケータリング（配膳業）

　ケータリング・サービスは、アラマーク・ケータリング・サービスとの契約によって提供されている。被収容者は1日につき7つの種類の食事から選択をすることができる（1998年8月以降一時中断し、4つの選択肢のみ）。ハラル（イスラム法に則った食物）の食事、ベジタリアンの食事などが提供されていた。

　食事は前日に予約が必要となる。朝ご飯は7時30分にゆで卵、シリアル、トーストが提供される。お昼は12時に、夕食は17時に提供される。日中はフルーツも入手可能で、紅茶と冷たい飲み物を食堂で手に入れられる。香辛料は、小さな袋に入って個々に配られる。食事の量は十分であり、料理は熱く、おいしそうに見えた。食堂はカフェテリア・スタイルになっており、清潔で、訪問当時に入所していた人には十分

なスペースがあった。
　また、アラマーク社は売店も運営している。

不服申立手続
　被収容者は入所時に不服申立手続についての説明を受ける。不服申立を行ったことによって刑務所に送られることをおそれるため使えない、という被収容者の意見がある。申立のほとんどが24時間以内に迅速に扱われている。被収容者は管理者より直接自分たちの申立の結果の説明を受けることができる。

訪問
　訪問は毎日朝、昼、夕に受け付けており、事前の予約が必要。職務上の訪問（official visit）は9時から21時まで可能であり、職務以外の訪問（social visit）は14時から21時までの間で17時から19時の夕食を除く時間に受け付けられる。

隔離室
　隔離室のあるユニットには、2つのまったく同じ部屋がある。オープンして10カ月の間に15回、それぞれ短期間で使われている。12回は事件の結果、2回は自傷のおそれがあった場合、1回は被収容者自身の保護のためであった。ほとんどの被収容者はその後通常の施設に戻されるが、別の場所へ移送された収容者もいる。
　隔離室のユニットに入ったすべての被収容者に関して、訪問者、食料、有形力の行使等についての細かい記録が残されている。

被収容者のケア（Throughcare）
　（a）配置（Allocation）
　ハーモンズワース収容施設の移民サービス官（Immigration Service Officers）が、すべての被収容者の移動を管理している。ハーモンズワースでは収容所ごとのベッドの空き数等が一括して把握されている。
　（b）受付（Reception）
　受付は清潔で、椅子とテーブルとテレビが置かれている。また、飲み物（温かいものと冷たいもの両方）が備えられている。受付係官（reception staff）は、移送をされてくる被収容者についての情報をほとんど通知されていない。被収容者が持

ち込んだもしくは預けられたすべての持ち物が記録され、厳正に管理されている。

　被収容者で所持金がない人へは、ペン、紙、封筒、切手と2ポンド分のテレホンカードがパッケージとして支給される。着替えを持たない人についても着替えが支給される。受付係官は全員自殺の前兆に気づくためのトレーニングを受け、そのような人に対する必要な処置を理解している。

　（c）誘導（Induction）

　収容施設の誘導手続は、被収容者が施設に到着したと同時に始まり、全員に施設を開設したビデオ（14カ国語対応）が見せられる。そのなかで、面会時間、火災時の避難、ヘルス・アドバイス・センターの利用などについて説明がなされる。その後、口頭での説明、ブックレットの配付が続けて行われる。

　すべての被収容者はヘルスケア・センターのスタッフのインタビューを受け、その際に移民サービス官も同席する。

　（d）移動と排出（Transfers and Discharges）

　収容施設を移されるときは、本人の希望と収容施設側のどちらからでも希望を出すことができ、ときには本人の同意なき移動もある。

被収容者の健康ケア

　（a）健康ケアに関する契約

　Forensic Medical Services（FMS）とGroup4との契約に基づき、医療サービスが提供されている。全体の健康ケアはヘルスケア・マネージャーによってなされるが、これには現在、精神科の看護婦／士だった人が職に就いており、被収容者への医療サービスすべてについての責任を負っている。

　（b）基本的な健康ケアとその他の健康ケア

　基本的な健康ケアのサービスは地元の開業医がパートタイムで従事しており、月曜日から金曜日まで日常の診察を行う。そのほかは電話で看護婦／士へ指示を出す等を行う。

　看護婦／士からの幅広いサービスはいつでも受けることができる。看護婦チームはヘルスケア・マネージャーと2人のフルタイム、2人のパートタイムによって支えられている。看護婦／士は朝9時から夜10時まで、毎日交代で任務にあたる。また、看護婦／士による診察は朝と夕方の1日に2回行われる。薬物治療は1日に4回、ヘルスケア・センターにて行われる。

ヘッディントンにあるJohn Radcliffe Hospitalという病院と協力関係にあり、さらに診療を受ける必要がある場合は、男性、女性ともこの病院でサービスを受けることができる。

（c）受付における新しい収容者の健康診査

新しい入所者は、入所手続の際に看護婦によってスクリーニングを受ける。しかし、30％の人は拒否をしている。

（d）伝染病への対処

入所者全員は結核の検査を受ける。開所以来、陽性反応が出たことはない。

（e）女性の健康

収容中に8人の女性が妊娠した。そのうち3人が産むことを決め、5人がジョーンラドクリフ病院で中絶した。中絶の前後にはカウンセリングがなされた。ヘルスケア・センターで避妊についての相談ができ、またコンドームが入手できるが、被収容者はあまり利用したがらない。

（f）緊急の設備について

ヘルスケア・センターにある程度の緊急設備が揃えられている。大やけどに対処できるパック、緊急医薬品パックと目の洗浄剤、気管内チューブ、酸素ボンベ、喘息患者用の噴霧器、心電図モニター等である。救急車は遅くとも7分以内にキッドリトン救急車ステーションから来所が可能。

（ほしの・ゆうこ）

ヨーロッパから何を学ぶか

非収容へ向けて
国境を超えるNGOの可能性

星野裕子

「ヨーロッパの要塞化」という現象

　難民・移民への風当たりは、世界的に非常に厳しくなる傾向にある。多文化主義を導入し、1980年代以降多くの難民・移民を受け入れてきたといわれるオーストラリアにおいては、国防共同審議会の答申において予想を超える「ヒトの流入」を安全保障上の脅威と位置づけ、海軍・空軍に沿岸監視の充実を求める旨が発表された。

　EUにおいては、難民保護を謳いつつも、移民政策の名の下に域内へのアクセスを極力不可能にする傾向にある。庇護を求める権利は国家の出入国管理の権利の下に制限され、むしろ「誰を入れるか？」という移民政策の中に位置づけられてしまっているといえる。

　そのなかで、非正規な人の移動を防ぐべく、「来させない」ためのさまざまな措置がとられている。その代表的なものが、ビザによる入国の制限や、運送会社への罰則による「不到着」政策、難民申請者に対する無条件の収容や、社会保障の否認などによる「抑止」措置である。これらの施策をEU共通で備えていくことをめざしたさまざまな取組みがなされている。これが、「ヨーロッパの要塞化」といわれる、域外の人からのアクセスを極力排除していこうという各国政府による取組みである。

　しかし、物・金・情報が国境を越えて自由に移動するなかで、人の流れのみを規制することはできない。結局はヨーロッパがその城壁を高ければ高いものにするほど入国手段は難しく、また厳しいものになり、その措置がますます難民申請者を、また移住労働者を密入国の手引者へと向かわせ、そして入国手段はより危険なものとなる、という悪循環を生んでいる。

　連合王国では、2000年にはドーバー海峡を渡るフェリーの中に隠れて密入国しようとした福建省出身の中国人58人が死体となって見つかった事件もあり、取締りが強化されることによって入国手段がいかに危険なものとなっていくかということを見

せつけることとなった。

ヨーロッパにおけるNGOネットワーク

　このような厳しい現状に対して、NGOはどのように対処しているのか、また、していくべきなのか、以下、主に西洋諸国におけるNGOのネットワーキングを見ながら考えていくこととする。

　EUにおいては、政府が出入国、難民申請に関して統一した基準を作ろうとしている動向がある。この流れに対応すべく、NGOにおいてもネットワークを作り、情報交換や調査、協同しての欧州評議会や各国政府、関連機関へのロビイングなどが行われている。以下、そのネットワークを紹介していきたい。

ECRE（European Council on Refugees and Exiles）

　EUにおいて28カ国、72団体が加入し、難民の権利を確立することを目的として活動している広いネットワーク組織である。本部はロンドンに置かれている。難民に関わる手続、処遇等、多くの問題に関する数多くの専門的な政策提言や調査を発表しており、たとえば難民申請者の収容に関する政策提言、人道的地位により滞在を認められた難民申請者の処遇についての政策提言、難民申請者・認定者の社会保障に関する調査報告書等が発表されている。

http://www.ecre.org

Barbed Wire Europe

　フランスで始まり、連合王国と2カ国を中心とした、収容を終了させるためのNGOネットワーク。1997年、1998年にフランスで、2000年には連合王国で会合がもたれ、それぞれ被収容者の開放に向けてのさまざまな活動を各地で行っているNGOが集まり、自らの取組みについて話合いがなされた。2000年に開かれた連合王国での会合は、収容を体験した難民らの参加も得て、29カ国から161人が参加することとなった。

　会合はまず、EU各国における収容の実態を当事者による経験も交えて共有し、

次に分科会に分かれてそれぞれが抱える課題を話し合い、収容を終わらせるための方策を話し合うことになった。全体会で紹介された収容のケースは6カ国と地域にまたがるもので、ベルギー、フランス、ドイツと東ヨーロッパ、ポーランド、チェコ共和国、イタリアであった。

　次に分科会は、8つのテーマに分かれてそれぞれ話合いがなされた。主な分科会は下記のとおりである。

　・人種差別とメディア――連合王国におけるメディアによる人種差別の事例を中心に話合いがなされた。とくにタブロイド紙による人種差別を不当に煽っているような記事が問題とされた。解決策としては、現状のメディアに働きかけるといった行動の一方で、Barbed Wire Europeとして人種差別をしない、新しい見方を提示していくのが重要なのではないか、という提案がなされた。

　・収容によるトラウマ――Medical Foundation for the Care of Victims of Torture（拷問被害者ケアのための医療財団）と、ロチェスター刑務所に実際に収容されていた難民申請者を中心に開かれた。

　連合王国における移民法上の収容が2000年4月時点で1,107人に上り、平均して3分の1以上の被収容者が半年以上収容されていることから、無期限収容、そして収容が恣意的であることの問題性が指摘された。とくに、出身国で拷問を受けた難民申請者については、いかに処遇のよい収容施設であっても、収容されていること自体が、そしてそれが長期に及ぶほど、祖国での収容や拷問の記憶を呼び覚ますものであることが報告された。

　また、収容を経験した当事者からは、刑法上の罪を犯したわけでもない人間が収容されるということがどんなにショックであるか、以前収容を経験した人間が再度収容されることがいかに過酷かということが報告された。

　さらに、収容施設への訪問者は、施設におけるハンガーストライキや自殺未遂などの報告をした。

　最後に同分科会は、以下の4つの行動提案を採択した。

　①収容を終わらせるための取組みを継続して行うこと、かつて収容を経験した人間に対する再度の収容が与えるダメージの認識

　②全収容者への心理的ケアを含む収容状況の改善

　③出身国において収容を経験した難民申請者のための特別な支援

　④難民関係の仕事を行う者は全員、収容によるトラウマの影響についてのトレー

ニングを受けること

・連合王国における収容施設の改悪——Asylum Welcome（ようこそ難民申請者）とCampaign to Close Campsfield（キャンプスフィールド閉鎖キャンペーン）を中心に開かれた。Asylum Welcomeはオックスフォードにある慈善団体で、オックスフォード近郊にある収容施設のキャンプスフィールドにて被収容者の面会、仮放免の支援などを行っている。2000年9月現在、キャンプスフィールドにおける面会者は被収容者184人のうちの100人にあたり、1999年は40カ国、延べ2,700人の面会を行った。その面会のなかでの印象が報告され、被収容者が受刑者のように扱われていること、警備員が被収容者に対して乱暴な場合があり、また被収容者からのクレームを聞こうとしないように感じられることなどが報告された。

・収容に対抗するためのヨーロッパ人権条約の利用に関する分科会——法律弁護士（barrister）のサンディヤ・ドゥルーを中心に開かれた。連合王国は欧州人権条約を国内適用するために2000年10月から人権法を施行した。同分科会は、収容に対抗するためにこの人権法をどのように使っていくことができるかを話し合った。

とくに使えることのできる条文は、第3条（拷問からの自由）、第5条（自由と安全）、第8条（家族生活の尊重）、第14条（差別からの自由）であることが紹介された。ただし、人権法だけですべてに対応できるわけではないので、支援団体は情報を共有し、戦略を立てて活用していく必要があることが確認された。

・直接行動——Bristol Defend Asylum Seekers Campaign（ブリストル難民申請者擁護キャンペーン）、AAROW: Active Assistance to the Roots of War（戦争の根絶のための積極行動）を中心に開催された。連合王国を中心にみられる直接行動によって被収容者の解放をめざしている団体が集まり、意見を交わした。

発表されたこれまでの直接行動としては、以下のようなものが報告された。収容施設の外にある木に登り、中の被収容者と会話をする。その会話のなかで知った退去強制の日程を止めるべく同じ航空便のチケットを購入し、離陸時に立ち上がり送還に同意しないよう乗客に呼びかける。また、航空会社の労働組合に働きかけ、連携して退去強制を阻止すべくキャンペーンを行う。難民申請者を退去強制のために移送しようとした警察署の駐車場に自らを鎖でつなぎ止める。難民や移民への人種差別を提唱したアン・ワイドコンム氏（Anne Widecombe）の顔にクリームたっぷりのパイを投げる。日本においてはこれらの直接行動は考えにくいと思うが、それらが罰せられない背景があるのかもしれない。

最後に、下記のとおり行動提案を採択した。

①スイス航空へのキャンペーンが成功を収めたことを踏まえて、ヨーロッパにおける退去強制を阻止する。

②ドイツにおいてルフトハンザ航空へのキャンペーンが非常に成功したことを踏まえて、大英航空についてもアイディアを集めて成功させたい。

③ヨーロッパのそれぞれの支援団体や支援者同士のネットワークが非常に重要である。インターネット等を活用して一斉行動などができるのではないか。

・レイプと暴力からの庇護――Black Woman for Wages for Housework（家事労働に賃金を求める黒人女性の会）、Payday Men's Network（給料日のための男性ネットワーク）が中心となり、分科会をもった。同会の中では移民、難民の権利が女性の権利と合わせて語られることとなった。とくに収容施設内でのレイプの問題、出身国におけるレイプ、拷問等の問題に適切に対応できる機関が少ないことが挙げられた。

・仮放免について――Bail for Immigration Detainees: BID（被収容者のための仮放免の取得）を中心に会がもたれた。BIDの活動を通じて仮放免の実務に通じているTim Baster氏が、仮放免の実務についての詳しい解説（たとえば保証金は必ずしも必要ない、膨大な法律知識が必ずしも必要でないなど）を行った。参加者の間でも保証金の実務、1999年移民法の下での仮放免の運用、仮放免の申請に際しての人権法の有効性、訪問者の役割、裁判所において本人がいかに弁護士なしで仮放免をとることができるか、そのためにいかにサポートを行っていくか、などについて意見が交わされた。

最終日に、Barbed Wire Europeは、提言や将来の行動計画を採択して幕を閉じた。提言の中では、収容施設の民営化をやめること、被収容者のためにあらゆる労働組合、人権団体が連帯して取り組むことなどが採択された。また、具体的な行動計画では、分科会をはじめとした行動提案に基づくものであり、NGO同士の連帯を深めていくこと、ヨーロッパにおいて収容に反対する日を設けること、情報をさらにさまざまな人へ広めていくことなどが確認され、幕を閉じた。

IT時代のNGO活動の可能性

「アメリカにおいて、連邦最高裁判所が長期収容を違法と判断！」

こんなニュースが飛び込んできたのはアメリカのNGOからだった。さっそく、ホームページを開き、情報を探す。日本の関係者にもそれを伝える。一夜にして情報が国境を越え、瞬く間に共有されることは数年前では考えられなかったかもしれない。しかし、情報格差等が指摘されてはいるが、パソコンが現在ではNGOの間でも必須のツールになり、活用できる状況にある。E-mailでヨーロッパのNGOへ送った収容施設に関する問合せも、時差を入れても24時間以内にどんどん返事が返ってくる。これからも収容施設に関して情報交換をしていきましょう、そんな約束を何千キロも離れた国の人たちと交わすことができた。

　しかし、デジタルという便利な機械を扱うのはほかならない人間である。また、私たちの活動の受益者である被収容者も人間である。本当の支援は人間と人間とが出会うところでしか生まれないという限界もあるのだろう。その意味で、年間2,700人もの被収容者に面会をするNGO、仮放免に特化し被収容者を救い出しているNGO、仮放免の保証人を集めるNGO……日本とは比べものにならないほどの多くのNGOが、人対人のさまざまなサービスを提供していることに驚かされた。そんな人たちがいう「非収容」だからこそ意味をもち、力をもつのであろう。

　翻って日本には現在、移住労働者支援団体がゆるやかな情報交換を行い、またまとまっての政策提言等も行っていく移住労働者と連帯する全国ネットワークが存在する。加盟団体が70を超える比較的大きなネットワークであり、シェルター運営や生活相談等個々人への支援を行うNGOから入管問題調査会のような政策提言に特化しているNGOも加わり、ニュースレターやメーリングリストを通じて情報交換等を行っている。これまでにも何度か収容について同ネットワークより申入等が行われたことがあるが、今後はヨーロッパ諸国のNGO等海外との連携もさらに強く、模索していけるかもしれない。

　国境を越えるNGOのネットワークの可能性とともに、人対人の支援をする大切さも知らされた調査であった。

（ほしの・ゆうこ）

日本の入管行政の
改善のために
日本政府の見解と取組み

高橋 徹

克服されない入管の密室性

　日本の入管の退去強制手続、収容施設の最大の問題点は密室性にある。私たちがそれに気づいたのは、1994年に相次いで社会問題となった入管職員による被収容者への暴行事件、それに続く元入管職員の内部告発がきっかけであった。人が人の自由を束縛する施設には、暴力や人権侵害を犯すおそれがつねに隣り合わせに存在しているものだと思う。したがって、このような事件が発生するのは「あってはならない」ことかもしれないが、「ありうる」ことだということを率直に認めることからスタートしなければならない。だとすれば、必要なのは、施設内での人権侵害を認め、その原因を究明し、解決に向かう真摯な態度だ。残念ながら現在の法務省・入管局には、基本的にその態度が欠けている。

　発生した暴力事件については、ただ1例を除いて「正当な制圧行為」として、「暴行」はなかったと法務省・入管局は言い通した。1995年1月入管での暴力的取扱いが社会問題になった直後、ある外国人支援団体のスタッフが次のような観察をしている。「東京入管の第2庁舎に出勤してくる職員は、どこかにいったん集合して大型のバスで集団出勤しているようだ。以前にはそういう光景は見られなかった。おそらく暴行実行犯の顔写真を撮られないためにそうしているのだろう」(『密室の人権侵害』107頁〔現代人文社、1996年〕)。これが本当なら、入管局組織ぐるみで職員の暴力行為を隠蔽したことになる。そしてこの年の4月の配置転換では、多くの職員の勤務場所の異動が行われた。

　また、1998年「市民的及び政治的権利に関する国際規約」(以下「自由権規約」)に基づく規約人権委員会の第4回日本審査において、西川克之法務省入管

局警備課長は「入管施設では職員の暴行等が多発しているのではないかとの指摘がありましたが、そのような事実はございません。NGOレポートは私自身も読みましたが、事実と異なるものばかりです」と発言し、NGOの指摘した日本の入管施設の実態をヒステリックに全否定した。

しかし、規約人権委員会は、第4回日本政府報告に対する「最終見解」において、日本の入管の収容および同施設について次のように懸念を表明し、勧告している（日弁連訳）。

> 10　さらにとりわけ、委員会は、警察や入国管理局職員による虐待の申立を調査し、救済のため活動できる独立の機関が存在しないことに懸念を有する。委員会は、このような独立した組織ないし機関が締約国によって遅滞なく設置されることを勧告する。
>
> 19　委員会は、入国管理に係る手続係属中に収容されている人々への暴行や性的嫌がらせの訴えについて懸念している。このなかには、苛酷な収容状況、手錠の使用、隔離室への収容といったことも含まれている。入国管理収容施設に収容された人は、6カ月まで、いくつかの事例によっては2年間までも延長された期間、収容所にとどめられる場合がある。委員会は、締約国が収容の状況を見直し、また必要ならば、状況を規約7条および9条に適合するよう改善を行うことを勧告する。

また1999年日本政府は、6月29日、「拷問及びその他の残虐な、非人道的な又は品位を傷つける取り扱い又は刑罰を禁止する条約（拷問等禁止条約）」に加入することとなり、いよいよ国際的注目のなかで入管施設の処遇の改善が求められることとなったといってよい。

採られようとしている救済制度

国内人権機関と入管収容施設

1996年12月に成立した人権擁護推進法は、人権擁護推進審議会を設立し、2つの人権施策について答申を出すことを諮問した。諮問第1号は人権教育・啓発の

あり方についてであり、諮問第2号は「人権が侵害された場合における被害者の救済に関する施策の充実に関する基本的事項について」である。

諮問第2号については、1999年9月17日から人権擁護推進審議会において議論が始まり、英国・カナダ等の海外調査、関連団体からのヒアリング、公聴会を経て2000年12月に中間とりまとめが、2001年5月末には最終とりまとめとして「人権救済制度の在り方についての答申」が発表された。

最終とりまとめは「第4 各人権課題における必要な救済措置」において、人権侵害を以下のように4つに類型化し、必要な救済措置を示している。

1) 差別
2) 虐待
3) 公権力による人権侵害
4) メディアによる人権侵害

とくに入管問題で直接的に関わるであろう「3) 公権力による人権侵害」については、下記のように述べられている。

> 公権力による人権侵害のうち、前記差別、虐待に該当するものについて、調停、仲裁、勧告・公表、訴訟援助の手法により積極的救済を図るべきである。

(1) 人権侵害の現状と救済の実情

1. 先に指摘したとおり、公権力による人権侵害には、まず、差別、虐待の問題として、各種の国営・公営の事業等における差別的取扱いや虐待等、私人間におけるものと基本的に同様の態様の問題に加え、捜査手続や拘禁・収容施設内における暴行その他の虐待等、固有の問題がある。このほか、公権力による人権侵害としては、違法な各種行政処分による人権侵害や、いわゆる冤罪や国等がかかわる公害や薬害等の問題に至るまで様々な問題がある。

2. 行政処分に対しては一般的な行政不服審査や個別の不服申立ての手続が整備されている。また、捜査手続や拘禁・収容施設内での虐待等については、付審判請求を含む刑事訴訟手続のほか、内部的監査・監察や苦情処理のシステムが設けられている。

(2) 必要な救済措置等

公権力による人権侵害の問題が、歴史的にも、また、現在においても極めて重要であることは言うまでもない。

まず、一般に被害者が自らの人権を自ら守ることが困難な状況にある差別や虐待については、私人間における差別や虐待にもまして救済を図る必要があり、規約人権委員会の最終見解においても特にこのような人権侵害に対して独立した救済機関の設置が勧告されていることなどから、公権力による差別、虐待については、他の手続との関係にも留意しつつ、調停、仲裁、勧告・公表、訴訟援助の手法により、積極的救済を図るべきである。

次に、公権力によるその他の人権侵害については、各種行政処分に対しては一般又は個別の不服申立制度が整備されており、また、人権救済機関が冤罪や公害・薬害等の問題にまで幅広く対応することは、関係諸制度との適正な役割分担の観点からも、救済機関の果たすべき役割の観点からも適当でない。そこで、そのすべてを一律に積極的救済の対象とするのでなく、人権擁護上看過し得ないものについて、個別に事案に応じた救済を図っていくという手法をとるべきである。

公権力による人権侵害が存在することを認め、かつ1998年の規約人権委員会の勧告にも言及していることは評価できよう。しかし、「他の手続との関係にも留意しつつ……積極的救済を図るべきである」「各種行政処分に対しては一般又は個別の不服申立制度が整備されており、人権救済機関が……幅広く対応することは、……適当でない」とあるように、他の不服申立制度がある場合にはそちらに譲り、救済機関の対象から外すとする方針がみられる。

法務大臣への異議申立制度の問題点

ところで、入国管理局は1998年、「被収容者処遇規則」の一部を改正し、収容施設の長が被収容者から直接意見を聴取したり、巡視等の措置を講じて処遇の適性を期すべき旨を規定した（第2条の2、第41条）。

さらに、2001年5月には「被収容者が自己の処遇に関して不服があるときは、当該収容施設の長に対し不服を申し立て、当該収容施設の長は、速やかに調査を行って結果を被収容者に知らせ、また、同調査結果に異議があるときは、法務大臣

に対して異議を申し立てることができるようにする」という仕組みを打ち出し、パブリックコメントを募集した。

　これら、法務省が提案している「異議申立制度」は、規約人権委員会の「警察や入国管理局職員による虐待に関する苦情申立を、調査や是正のために持ち込むことができる独立した組織または担当者を遅滞なく設置する」という98年勧告にもまったく当てはまらないものであり、とうてい勧告を実現しているとはいえないものである。

　むしろ、すでに2000年12月の中間とりまとめで示されていた、上記人権擁護推進法に基づく人権救済制度の方針を受け、この不服申立制度を作ることによって、入管の事案を「新しい救済制度」の対象にさせないという露骨な意図をさえ感じるものである。

　さらには、人権救済機関も含め、これらの採られようとしている救済制度について、次のような問題点を指摘しておきたい。

　①代理人選任権が担保されていない。
　②通訳人・翻訳等の言語的デュープロセス（適正手続）が欠如している。
　③苦情申立を充実させるための外部へのアクセスが不十分である（ヨーロッパでは、電話も自由。手紙も自由。ファクスも受け取れる。原則として検閲はできず開披するには本人の立会いが必要）。
　④苦情申立の審査期間の定めもない、もしくは公表されていない。
　⑤苦情を聞き入れたとしても、当該行政機関に対する強制力とその実施を外部から検証する手立てがない。
　⑥苦情を入れないときの理由開示手続がない。

入管が固執する「全件収容主義」
全件収容主義が恣意的収容を可能にする

　日本の場合、そもそも前提の収容対象者である超過滞在者が、入管統計だけでも23万人もいる。おそらく不正規滞在者の総数は30万人を超えるだろう。すべて「収容」によって、これらの人の退去強制を確保するのは不可能である。運用面では、「自ら出頭し帰国の意志を明らかにする者」については、原則収容はされてい

ない。つまり「全件収容主義」は事実上食い破られている。それにもかかわらず、現在の日本の入管システムは、後生大事に「全件収容主義」を建前としてとり続けている。

「全件収容主義」といいながら、あるケースでは収容をもって対応し、ある場合には収容をせずに手続を進める。基準が判然としない場合も少なくない。また、長期・無期限収容や、子どもの収容が社会問題になるにつれて（1999～2000年）、収容を以前よりも避けるようになった。これは「全件収容主義」を前提に、「運用」での弾力化により、被収容者の人権に配慮した結果ではない。社会問題化して慌ててとった応急措置的な対応でしかない。法務省・入管局は「全件収容主義」を原則とすることによって「恣意的収容」を確保したいからにほかならない。問題が一向に解決していないのは本書の冒頭で述べたとおりである。

全件収容主義は国際人権基準に反しない？

全件収容主義をめぐって、衆議院北川れん子議員は「出入国管理及び難民認定法における退去強制手続に関する質問主意書」において、次のような質問をした。

「行政手続による長期の収容が自由権規約に反するという、規約人権委員会の『最終見解』についてどう考えるか。また退去強制手続において全件収容主義が自由権規的に反するという指摘についてどのように考えるか」。

それに対する政府回答は以下のとおりである。

「政府としては、収容が長期にわたることをもって、ただちに規約（市民的及び政治的権利に関する国際規約）に反するものではないと考えている。なお、入国管理局においては、退去強制手続によって収容された者について、収容期間が長期にわたるため、その者の年齢および健康状態等にかんがみ、身体の拘束を解く必要が生じたときは、仮放免制度を弾力的に運用するなどして対応することとしている。

また最終見解には、お尋ねのような『退去強制手続において全件収容主義が自由権規約に反するという指摘』は存在しない」。

上記の政府見解の欺瞞性は、本書冒頭で指摘した入管の実情を踏まえたうえで、前掲の「最終見解」と次の「市民的及び政治的権利に関する国際規約」の条文を読めばおわかりになることと思う。

市民的及び政治的権利に関する国際規約
第7条　何人も、拷問又は残虐な、非人道的な若しくは品位を傷つける取扱い若しくは刑罰を受けない。特に、何人も、その自由な同意なしに医学的又は科学的実験を受けない。

第9条　1　すべての者は、身体の自由及び安全についての権利を有する。何人も、恣意的に逮捕され又は抑留されない。何人も、法律で定める理由及び手続によらない限り、その自由を奪われない。
2　逮捕される者は、逮捕の時にその理由を告げられるものとし、自己に対する被疑事実を速やかに告げられる。
3　刑事上の罪に問われて逮捕され又は抑留された者は、裁判官又は司法権を行使することが法律によって認められている他の官憲の面前に速やかに連れて行かれるものとし、妥当な期間内に裁判を受ける権利又は釈放される権利を有する。裁判に付される者を抑留することが原則であってはならず、釈放に当たっては、裁判その他の司法上の手続のすべての段階における出頭及び必要な場合における判決の執行のための出頭が保証されることを条件とすることができる。
4　逮捕又は抑留によって自由を奪われた者は、裁判所がその抑留が合法的であるかどうかを遅滞なく決定すること及びその抑留が合法的でない場合にはその釈放を命ずることができるように、裁判所において手続をとる権利を有する。
5　違法に逮捕され又は抑留された者は、賠償を受ける権利を有する。

裁判だけでは救済されない難民

　2001年10月3日、難民申請中のアフガニスタン人9名が、東京入国管理局等により不当に摘発・収容された。これに対し弁護団は、「収容令書発付の取消を求める訴訟」と、「収容令書の執行停止の申立」を10月19日、同時に東京地方裁判所に申し立てた。このうち民事3部に係属していた5名の難民申請者に対して、11月6日に収容の執行停止決定が出された。この決定は、今回のアフガニスタン難民申請者の摘発・収容の違法性を強く指摘したうえで、「相手方（東京入国管理局）の採

る態度は法の運用に当たって、その上位の規範である難民条約の存在を無視しているに等しく、国際秩序に反するものであって、ひいては公共の福祉に重大な悪影響を及ぼすものというべきである」という、国内法に基づく出入国管理政策に優先する、難民認定制度の適正な運用を入管当局に強く求めた、大局的かつ画期的な内容であった。

しかし前日の11月5日には、同じ東京地裁の民事2部においては、4名のアフガニスタン人難民申請者の収容執行停止の申立が却下されてもいる。この真っ二つに割れた決定に対して、弁護団・法務省双方が東京高裁に即時抗告を行った。

彼ら9名は、提訴の際に機械的に民事2部と3部に振り分けられただけである。等しくアフガニスタン本国で苛酷な迫害を受け、故郷や家族から引き離され、庇護を求めて命がけで逃げてきた難民申請者であるにもかかわらず、日本政府が再び彼らを迫害することは、難民条約に加盟している国際社会の一員として決して許されることではない。

民事第3部の決定は、国際人権基準に則った画期的なものであったが、収容の執行が停止され11月9日に身体が解放された5名の難民申請者についても、退去強制の手続が異例の早さで進行しているので、難民不認定と同時に「退去強制令書」が発付され、再収容されてもおかしくない状態が続いている。また即時抗告の結果や、これから始まる「収容令書取消訴訟」の判決いかんでは、収容令書の効力が生き返る可能性もある。

このように考えると、退去強制手続と難民認定申請手続が並行して行われ、その仕組みがきわめて恣意的に連動する日本の入管行政が根本的に変革されないかぎり、たとえ裁判を起したとしても、難民認定申請者を取り巻く状況はきわめて苛酷なものである。日本では、人権救済を目的とする難民認定制度や、それを取り巻く法的救済は実質上機能していないからである。

入管法改定でさらなる管理強化

1990年の入管法改定で法務省は、外国人労働者流入を好意的にみていた世論を押しつぶすかのように、排斥の方針を打ち出し「雇用者罰則制」を導入した。97年の入管法改定では、「集団密航罪」「不法入国援助罪」「不法入国者蔵匿・隠匿罪」を導入した。「悪質なエージェントの取締り」を立法目的としながらも、人道的な

見地からの外国人支援をする友人や団体も監視の対象となった。99年の入管法の改定では、「不法滞在罪（在留罪）」を新設し、日本に不法入国・上陸した外国人がその後日本に滞在するかぎりこれを処罰することができるものとした。また、「再入国拒否期間を5年に延長」し、退去強制を受けた外国人は5年間は日本に入国できないこととした。

　2001年、新たな入管法の改定案が国会の審議に賦されている。私たち在留外国人の人権問題に関心をもつ市民が、法律案の「要綱」を手にし、改定法案の概要を知ったのは、2001年10月20日になってからである。同じ10月27日には閣議決定している。そして11月1日には参議院にて可決した。この原稿を書いている現在、衆議院で審議がされている段階であるが、どんなに遅くなっても本年（2001年）中には可決成立する情勢である。

　その間に、一般市民が法案を時間をかけて分析したり、意見を述べたりする時間は、与えられなかった。法案をぎりぎりまで「秘密扱い」にし、公表されてから急転直下で可決成立を急ぐ手続自体、きわめて反民主的であることをまず指摘しなければならない。

　今入管法の改定の理由は、「法案」の述べるところでは、「我が国で開催される国際的な競技会等の円滑な実施を妨げる目的をもって暴行等を行う外国人等を上陸拒否及び退去強制の対象とするとともに、外国人犯罪の現状にかんがみ、刑罰法令違反者等に係る退去強制事由を拡大し、併せて入国審査官による事実の調査に関する規定を整備する等の必要がある。これが、この法律案を提出する理由である」。

　法案を見ると、今改定の中身の概要は以下のとおり。

①フーリガン対策

　上陸拒否事由や退去強制事由を整備し、フーリガン対策とした。すなわち、国際競技会や国際会議に関連して、またはその円滑な実施を妨げる目的をもって人を殺傷する等したことにより、各国の法令に違反して刑に処せられたり、退去を強制され者や、「その疑い」だけで入国拒否ができるようにした。また、短期滞在ビザで在留している者でも、国際競技会等の円滑な実施を妨げる目的をもって人を殺傷する等した者の退去を強制できるようにした。

②その他の外国人犯罪対策

　退去強制事由を見直し、退去強制後に、刑事犯により判決を得た者を入国拒否

対象者とした。また「他の外国人に不正に在留資格認定証明書の公布等を受けさせる目的で、文書等を偽造若しくは変造し、虚偽のその譲渡若しくは貸与のあっせんをした者」の退去を強制できるようにした。刑事犯により懲役または禁錮に処せられた者の退去を強制できる範囲を拡大した。

③入国審査官の権限を拡大

入国審査官に事実の調査をさせることができるようにし、必要があるときは、外国人その他の関係人に対し出頭を求め、質問をし、または文書の提示を求めることができるようにし、さらに公務所または公私の団体に紹介して必要な事項の報告を求めることができるようにした。

全体として外国人締めつけ、取締り強化の方向が、またも示された。とりわけ「フーリガン対策」の名目のもとにかなりの取締り強化がなされており、日本で外国人の人権問題に取り組む「移住労働者と連帯する全国ネットワーク」は、「基本的人権を外国籍市民から奪う入管法の改定に反対する!!」という声明を2001年11月17日に発し、以下のように指摘した。

> フーリガンや国際会議にあたって、反グローバリゼーションを主張し、活動する諸団体・個人を対象としていると考えられますが、外国人であっても、集会、結社、表現の自由および労働者の団結権が認められています。そして、日本の市民団体や労働組合が正当な活動として、海外から市民運動家や労働組合員を招聘する時に、この改定案では軽微な法令違反を根拠に、日本での正当な市民活動、労働組合活動を阻止するために、恣意的な上陸拒否処分がなされてしまう恐れがあります。また、具体的にどのような活動をおこなっていた者の入国の拒否をするのか、その定義が非常に不明確です。外国人の入国にあたっては、法務大臣の広範かつ自由な裁量に委ねられているとされていますが、そもそも、明確な基準もなしにこのような広範な裁量に委ねられていること自体が大きな問題です。
> 　集会、結社、表現の自由および労働者の団結権という、私たち、市民にとって、最も重要な憲法により認められた権利を侵害する恐れがあります。

また、調査官の権限強化については、「具体的にはどのような理由に基づき、どのような事実を調査をするのか」示されていないので、「これでは、理由もなしに、

ありとあらゆる調査をすることが可能となり、入管職員があたかも公安化してしまう恐れ」があると、強い懸念を表明した。

以上のように、日本政府は、入管法を基本的には「管理のため」の法律とし、さらには外国人をターゲットにした「治安維持」のための法律として位置づけ、外国人への締めつけを強化してきた。このような日本政府の動きは、本書135頁で星野裕子が述べている「ヨーロッパの要塞化」と時を一にした動きである。人権課題の解決については、ヨーロッパから何も学ぼうとせず、弱者・少数者への抑圧だけはしっかり右へならえである。

外国人の流入増加以来、一連の入管法の手直しで、人権課題の解決にはなんら手がつけられていない。すでに述べてきた規約人権委員会の98年「最終見解」、そして99年の「拷問等禁止条約」批准を経た、この2001年の入管法改定でもまた、人権課題はなんら手がつけられないまま、通り過ぎようとしている。

各国から何を学ぶか

本書で見てきたように、私たちが今回訪問したヨーロッパの各収容施設の運用は、いずれも日本の実状と比較すれば、かなり人権に配慮した工夫がなされているといえる。とくにスウェーデンは、運用ばかりでなく、施設そのものの設計思想が違う。つまり設備の設計段階から、被収容者の人権へのきめ細かい配慮が感じられる。「スウェーデン政府は、つねに人権の先頭をいきたいと考えている」とFARRの議長マイケルさんは私たちに語ったが、そうした姿勢が施設の設計や運用に表れているといっていいだろう。

私たちがヨーロッパの施設から学ぶことがあるとすれば、どういう点だろうか。もちろん歴史や国情の違う社会のシステムをそのまま日本に移植することは、現実的ではない。そこで、ここでは2つの点、すなわち「非収容原則」と「透明性の確保」について簡単に触れておきたい。加えて、人権に配慮した法体制の構築について言及したい。

非収容原則

日本の入国管理では「全件収容主義」を建前とした「恣意的収容」がなされてい

ることはすでに述べたとおりである。これに対して、スウェーデンなどではまず難民申請者や、病人、未成年者など、収容に適さない者を収容しないシステムがとられている。また長期の収容を避けるために、収容期間の上限がしっかりと設けられている。

そこで私たちは以下の点を強調しておきたい。

収容期間の上限を定め、収容の要件を明確化し、収容せずに退去強制手続を進める道を開くこと

収容をせずに退去強制手続を進める方策として、入管問題調査会は1999年に発表した「提言（後述154頁参照）」で、「収容期間の上限を定めること」「収容の要件を明確化すること」「帰国指導員制度」を提案した。

超過滞在で働く人たちは、もともと「帰国」を前提に来日している。しかしながら、いったん帰国すると再度日本に入国できないことから、摘発をされるまで働き続けることになる。在留が長期化せざるをえず、非合法状態の定住が進み、帰国の準備をすることもできないでいる現実がある。だとすれば「収容―退去強制」という乱暴な方法でなくても、指導的対応でも充分国外退去を確保できる道があるはずである。こんなことをいうと、「逃亡のおそれがあり、退去強制が確保できない」という入管局の答えが返ってきそうだ。収容（身体拘束）が前提になるから、逃げるのだ。

「開放処遇」を前提とした施設を作ること

またヨーロッパで見られるような、身体拘束をしない「開放処遇」を前提とした施設の建設を真剣に検討する必要があるだろう。難民手続中の者には「難民申請者」「難民不認定を受けた者」「不認定後の不服申立中の者」「認定後の定住支援が必要者」と段階があり、その間の住居や生活の支援が必要となってくる。

透明性の確保

拘禁施設内での人権侵害をなくせるかは、現在の日本の入管の密室性を克服し、いかに透明性を高めるかにかかっている。ヨーロッパにおいてもかつては同じように外国人の処遇は劣悪であったが、透明性を確保することによって克服された。この点は多いに学ぶべきであろう。

第三者による監視体制を構築すること

　ヨーロッパでは「拷問等防止ヨーロッパ条約（1989年）」に基づく、「ヨーロッパ拷問等防止委員会」の監視がきわめて有効に機能している。この委員会は次のような権限を与えられている。「領域への立入りおよび制限のない旅行をする権利。ならびに拘禁施設への自由立入り。また自由を奪われた人との、立会いを排除した面接」。

　日本の場合、先に述べた「規約人権委員会」の「最終見解」（142頁参照）で提案されている「独立した機関」の設置については、早急に設立に向けた検討を開始すべきである。「最終見解」を受けた私たちの提案は、入管問題調査会の「提言」（155頁参照）の「第三者機関」の項にまとめてある。

NGOとの連携を図ること

　ヨーロッパでは、被収容者のケースワークを担う民間団体との連携は、日本では考えられないほど緊密である。「収容エリアの訪問見学」「権利に関する情報提供」「ヒヤリング」「アドバイス」「弁護士を紹介するなど法的保護へのアクセス」「当局への意見具申」などの民間団体の活動に協力関係を維持している。

　私たちが訪れたオーストリアの収容施設「シュブハフト」の所長のワルター・アルティンゲールさんは、快く私たちの見学を許可してくださった。このこと自体が、施設の運営を透明に保っている証拠といえよう。そして彼が私たちに語った次の言葉は、たいへん示唆に富んでいる。

　「（オーストリアのシュブハフトにも）隔離室はあります。部屋の内側はゴムで作られていて、カメラで監視できるようになっている部屋です。隔離室には、法律で3時間以上収容してはいけないことになっています。この部屋はほとんど使われることはありません。また懲罰房に相当するような部屋はありません。あえていえば独房がそれにあたります。独房も最長で3カ月以上入れてはいけない。また独房に入っている間も、毎日の散歩の権利（運動場での運動）や、外部に電話をかける権利は法律で保障されています。『シュブハフト社会相談センター』のような民間団体がシュブハフトに入り、ケースワークをするようになってから、施設の中で暴れたりする被収容者はいなくなりました。ここに収容される人たちは、犯罪を犯しているわけではありません。だから支援をしなければなりません。人員の不足で手の回らないこともあり残念です。私の願いは、被収容者が気持ちよく過ごしてほしい、ということで

す」。

　力による管理よりも、被収容者の身になった処遇が、管理そのものをやりやすくする。ヨーロッパの収容施設の構造やシステム運用に学ぶべき点があるばかりでなく、施設運営のポリシーそのものに学ぶべき点があるだろう。

人権に配慮した法体制を

　日本には、外国人を「管理する」法律はあっても、差別の克服、人権擁護を目的とした法体制は存在しない。高度に人権擁護が要求される難民の受入れに関する法律が、お粗末にも外国人を「管理」するための法律「出入国管理及び難民認定法」の中に放り込まれているありさまである。

　今後必要になってくるのは、すでに批准している「難民条約」「自由権規約」「拷問等禁止条約」「子どもの権利条約」「人種差別撤廃条約」に加え、「移住労働者の権利条約」を批准するとともに、国際基準に照らして、入管法とは別に、難民の権利、（正規、不正規を問わず）在留外国人の権利擁護を目的とした法体制を早急に作る必要があるだろう。

　以下の文章は、日本の退去強制手続、入管施設の現状を踏まえて入管問題調査会が1999年4月18日に公表した「入管行政の改善に向けて～提言」である。いま読み返すとまだ論議の尽くされていない点などもあるが、あわせて参考にされたい。

入管行政の改善に向けて～提言

　1　入管行政の透明性の確保
（提言1）国会議員の国政調査において、次のような調査を認め、情報を開示すること。
　1）入管行政にかかわる、あらゆる文書の開示。たとえば「処遇細則」「職員の研修のカリキュラムとテキスト」「通達文書」「入管行政関連法令により作成が義務づけられた文書」など。
（注：2001年9月の段階では、上記のうちすでに公開対象になっているものがある。たとえば「処遇細則」など）。
　2）収容施設への無条件の立入調査。被収容者への無条件のインタビュー。
　3）無期限・長期被収容者の実態にかかわる基本的な資料の開示。過去5年にさかのぼり、60日を越える被収容者の人数。無期限・長期収容に至った理由。

(提言2) 行政措置にかかわるあらゆる書類を開示すること。措置の具体的理由を本人へ文書により教示すること。

2　第三者機関の設置

(提言3) 退去強制手続きにおける外国人の権利保障の為の監督機関「第三者機関」の設置を早急に検討すること。

1)「第三者機関」の最高意思決定機関を構成するメンバーは民・官の有識者を充て、公平を期し「第三者機関」の独立性の確保に留意すること。

2) 当面の機能および権限は「人権侵害の通報の受付」「収容施設への無条件で、定期的な立入調査の権限」「被収容者に無条件にインタビューできる権限」「入管行政に対して是正勧告(あるいは命令)を出す権限」などとする。

3) 入管は次のことがらについて第三者機関へ報告をしなければならない。

隔離室や戒具を使用したとき。

被収容者の外部への通信を制限したとき。

被収容者の医療の記録。

その他、被収容者の権利を制限し、または義務を課したとき。

4) 被収容者は無条件で第三者機関にアクセスすることができる。たとえば次のような事項について。

処遇に関する通報。

収容の適否についての異議申立。

収容の延長に関する異議申立。

退去強制の適否についての異議申立。

5) 将来的には収容令書に対する異議申立、執行停止をすることができる審理審判機能を持った「第三者機関」とするよう検討を開始すること。

3　一般的処遇の改善

(提言4) 収容の目的は、退去強制の確保のための身体拘束であるから、この目的を超えた権利制限を行ってはならない。処遇の改善のため、次のような措置を求める。

1) 職員すべてにネームプレートの装着を義務づける。

2) 職員の労働条件を改善し、適正な配置を図る。

3) 職員に対する人権教育を推進すること。

4) 被収容者の第一言語で書かれた収容規則、収容細則、その他収容所内での心得を室内に置き、常時読めるようにする。

5) 収容設備を点検し、被収容者の良好な居住環境を確保するための改善を行う。戸外運動場のない施設については早急に作る。

6) 隔離室、戒具の使用に関しては要件を厳格に定める。

7) とくに隔離室については、被収容者が常時看視にさらされない構造とし、少なくともトイレは遮蔽する。

8) 電話、手紙、面会など外部との通信の機会は制限できない。通信の内容も制限を加えないことを基本とし、制限する場合の要件を厳格化する。

9) 医療スタッフを常駐化する。入所時の健康診断の義務化。医療の記録の義務化。医療の際の通訳の立会いを義務化。本人が希望する場合は、外部の医療機関へのアクセスを認めなければならない。

10) シャワーは、少なくとも隔日使用させることとし、希望する者に対しては毎日1回の使用を許し、1回の使用時間は20分以上とすること。

(提言5) 収容施設の中に、警備課とは独立した課に、ケースワークを行う職員をおくこと。ケースワーカーは、被収容者の健康状態、処遇一般について気を配り、必要に応じて病院や外部の機関と連絡をとるなどの業務を行い、収容令書発付権者や第三者機関に対し、収容の適否について具申できることとする。

4 収容の厳格化

(提言6) 収容前置主義を廃止するとともに、収容の要件の厳格化と収容禁止の要件を明文化すること(たとえば、難民申請者、幼児、学齢期の子ども、妊婦、病人についての収容の禁止)。

(提言7) 在宅のまま退去強制手続を進める者のため、職員に帰国指導を行う「指導員」をおく。「指導員」は、当該の帰国手続のアドバイスと指導を行う。必要に応じて住居を訪問する。収容令書発付権者に、収容の適否を具申する権限を持つ。「保護観察司」のような役割を果たす。

(提言8) 収容期間の上限を定め、無期限・長期収容は行わない。身体の拘束は収容令書をもって行う。

1) 収容令書で収容できる期間は15日以内とする。延長は1回限りで、合計30日以内の収容とする。

2) 退去強制令発付後、10日以内に退去の執行を行うこととし、この期間内に執行ができないとき (異議申立てによる執行停止、その他の理由による) は、上記10日間以内に仮放免を行う。やむをえず収容する場合 (要件を明文化) は、その理由を本人に開示するとともに、新たに収容令15日間を限度に収容することができる。この期間は更新することができる。また「帰国費用の捻出ができない」ことは退去強制令の発付後の収容の要件としてはならない。

5 上陸審査手続の適正化

(提言9) 上陸防止施設での収容は収容令書をもって行う。

1）入国拒否、身体拘束後、24時間以内に収容令書を発布する。

2）上陸防止施設における収容は3日を越えてはならない。3日間以上収容する場合は、収容所に移送する。

3）庇護を希望する人には、一時庇護上陸の機会を与える。

（提言10）入国拒否をされ、上陸防止施設に収容された者は、弁護士その他外部の者へ通信および接見、面会ができる。弁護士会は当番弁護士体制をとる。

6　「移住労働者権利条約」の批准

（提言11）移住労働者の人権擁護の観点から「すべての移住労働者およびその家族構成員の権利保護に関する国際条約」を批准し、違法状態にある在留者に、できうるかぎり合法的な地位を与える道を開けるよう、条件整備、政策の転換を検討すること。

(たかはし・とおる)

資料

難民申請者の収容に関する方針説明書

1996年4月
難民と追放者に関する欧州評議会(European Council on Refugees and Exiles: ECRE)
難民申請者の収容に関する勧告　要旨

1.　難民と追放者に関する欧州評議会(以下、ECRE)は、国連難民高等弁務官や他の人権団体の「難民申請者は基本的に収容されてはならない」という確立した方針を支持する。収容は例外的な事態によってのみに行使でき、十分な手続上の保護手段を伴うべきである。
2.　国内法に定められている収容の理由は、とりわけ違法入国それ自体が受け入れがたいものだとして難民申請者の収容を正当化するヨーロッパ諸国の現実を色濃く反映している。
3.　収容という手段をとる前に出頭義務を課すなど、収容に頼らない代替的な方策が考慮されるべきである。
4.　収容当局は、難民申請者の個人的な経歴に基づき、収容せざるをえない必要性を評価しなければならない。
5.　収容の最長期限は国内法で特定されるべきである。
6.　あらゆる収容の再審査機関は当局から独立するべきである。
7.　付添いのない未成年者は決して収容されるべきではない。
8.　被収容者は、収容されている間、収容の根拠と収容中の権利について明確な説明をなされるべきである。
9.　被収容者は、独立した、資格者による、無料の法律相談への無制限のアクセスを確保されるべきである。
10.　専門のNGO、UNHCRおよび法定代理人は、国際空港(国際港湾における通過ゾーンを含む)等すべての場所へのアクセスを確保されるべきである。
11.　収容の状況は、犯罪者ではない地位を反映し、すべての国際基準と一貫しているべきである。
12.　すべてのスタッフは、特別な状況や収容中の難民申請者のニーズに関してのトレーニングを受けるべきである。
13.　当局は、収容手続の透明度を保証するために、関連する政策と実務、および統計の詳細な情報を提供すべきである。
14.　難民申請者の収容に関する分野において、ヨーロッパの国家間の実務を調和させるあらゆる取組みには、ECREがここで提唱する基準が反映されなくてはならない。

外国人に関連する法に基づいて収容された外国人

1997年8月
ヨーロッパ拷問等防止委員会（the Committee for the Prevention of Torture under the Council of Europe: CPT）
1996年1月1日〜12月31日のCPT年次活動に関する報告書より抜粋

A　はじめに［序文］

24.　ヨーロッパ拷問等防止委員会（以下、CPT）訪問団は、外国人に関連する法の下で自由を奪われた外国人（以下、入管収容者）に頻繁に面会する。入管収容者とは、入国を拒否された人、違法に入国し当局によって（違法入国が）確認された人、当該国での滞在許可期間が終了した人、当局によって収容が必要とみなされた難民申請者などを指す。

　以下のパラグラフでは、そのような人に関してCPTが遂行する主要な問題のうちのいくつかが述べられている。CPTはこの方法により、国家当局の収容者の処遇に関する見解に明瞭で進歩的な示唆を与え、より一般的には、自由を奪われた人々のカテゴリーに関する議論が活気づけられることを希望する。委員会（ヨーロッパ拷問等防止委員会）は、この総括報告のこのセクション（Ⅲ　外国人に関連する法に基づいて収容された外国人）に対するコメントを歓迎する。

B　収容施設

25.　CPT訪問団は、上陸防止施設から警察署、刑務所や特別の収容施設に及ぶさまざまな収容環境に置かれている入管収容者に面会した。とくに空港での乗り換えあるいは「国際」ゾーンに関しては、入国を拒否されそのようなゾーンに置かれている人々の正確な法的地位が議論の的になっている。少なからず、CPTは、そのような人々は自身の選択した国際線の航空機に乗ることにより、いかなるときでもそのゾーンを自由に出られるので「自由は奪われている」わけではない、という主張に直面してきた。

　それに関しては、CPTは、乗り換えあるいは「国際」ゾーンで滞在することは、状況いかんによっては欧州人権条約5条1条（f）で意味する自由の剥奪になりうるので、そのようなゾーンは委員会の権限内にあると主張してきた。ヨーロッパ人権裁判所によって1996年6月25日に下されたアムール対フランスの判決は、この見解を擁護しているとみなすことができる。この事案は、パリのオルリー空港の乗り換えゾーンに20日間留め置かれた4人の難民申請者に関するものであったが、裁判所は「難民申請者が難民の地位を得たいとする国を任意に去ることが可能であるという事実だけでは自由を制限（「損害（atteinte）」）することの例外にはならない」と述べ、「乗り換えゾーンにおいて難民申請者を留め置くことは、……事実上制限を受けるという点で自由の剥奪に等しい」という判決を下した。

26.　上陸防止施設は、とりわけ滞在が延長される場合には不適当であるとしばしば判断されている。CPTの訪問団は、何日間か空港ラウンジの中で間に合わせの状況下で留め置かれ

た人々と数回面会した。そのような人々が睡眠のために適切な寝具が与えられ、自身の手荷物と適切に装備された衛生および洗浄設備へのアクセスが認められ、毎日野外に出て運動することが認められるべきであることは明らかである。さらに、食料が与えられ、必要であれば、医療が保障されるべきである。

27. いくつかの国でCPT訪問団は、入管収容者が長期（何週間も、そしてある場合には数カ月も）の間、警察署の中で刑事事件の被疑者と同じ房に収容され、同様の処遇に服させられ、あらゆる活動をも制限されているのを発見した。そのような状況に対しては弁明の余地はない。

CPTは、本質的には、通常の警察署の中で入管収容者がしばらくの間、過ごさなくてはならないかもしれないことは認識している。しかしながら、警察署における状況はしばしば（必ずでないとしても）長期間の収容に不適当であろう。したがって、そのような施設内で入管収容者に費やされる期間は絶対的最小限に抑えられるべきである。

28. ときおり、CPT訪問団は、入管収容者が刑務所の中に収容されているのを発見した。たとえ、関係する施設内におけるこれらの人々に対する収容の実態が適切だったとしても（たいていは、そうではないが）、CPTは、そのようなアプローチには根本的に欠陥があると考える。刑務所は、その定義によれば、明らかに刑事事件の判決が下されず、かつ容疑もかけられていない者を収容するのに適当な場所ではない。

たしかに、若干の例外的な事例においては、暴力をふるいかねない可能性が高いために、刑務所の中に入管収容者を収容することは適切であるかもしれない。さらに、入院治療を必要とする入管収容者は、他の安全な医療施設が利用可能でない場合には、医療刑務所に一時的に収容される必要があるかもしれない。しかしながらそのような入管収容者は、未決か既決かにかかわらず、刑事拘禁者から完全に分かれて収容されるべきである。

29. CPTの見解では、外国人法の下で長期間、自由を奪うことが必要であると考えられるときは、入管収容者の法的地位に即して適切な物理的環境と制度が提供され、かつ、適切な資格のある職員が配置された、その目的のために設計された収容施設に収容されるべきである。そのようなアプローチが、欧州人権条約の締約国のなかでますます理解されてきていることを、当委員会は喜んで特筆したい。

当然のことながら、そのような施設は十分に設備され、清潔で、整備状況もよく、そして施設に関わる人に対して十分な生活空間を供給するべきである。さらに、可能なかぎり刑務所のような印象が回避されるよう建物の設計およびレイアウトは考慮されるべきである。施設内での活動については、他の適切なリクレーションの手段（たとえばボードゲーム、卓球）と同様に、戸外運動、娯楽室、ラジオ／テレビ、および新聞／雑誌へのアクセスも含めるべきである。人々を収容する期間が長ければ長くなるほど、彼らに与えられる活動がより充実したものになるべきである。

入管収容者のための収容所のスタッフは、とくに難しい課題を背負っている。第1には、言葉の壁によってコミュニケーション障害が避けられないことである。第2には、多くの収容された人が犯罪の容疑にかけられてもいないのに自由を奪われたという事実を知ることになり、

それを非常に受け入れがたいことである。第3には、異なる国籍あるいは人種間で対立が起こりかねないことである。したがってCPTは、そのような施設の主任職員は、慎重に選ばれ適切なトレーニングを受けていることに非常に重点を置いている。関係する職員は、人と人との間のコミュニケーションの分野における高度な知識をもつとともに、被収容者の文化に習熟するべきで、少なくともそのうちの何人かは関連する言語の語学力を有するべきである。さらに、(PTSDか、社会や文化的な変更によって引き起こされるかどちらかによって) 収容された人に現れるストレス反応の兆候を認識し、かつ、適切な処置を講ずることを教えるべきである。

C 収容中の権利保護（safe guard）

30. 入管収容者が自身の決定によって弁護士および医者にアクセスできる権利が、収容の開始時から、自由を奪われた他のカテゴリーに属する人々と同じ方法で、与えられるべきである。さらに、彼ら／彼女らに理解できる言語で、遅滞なく、すべての権利および自身に適用可能な手続が、明確に通知されるべきである。

CPTは、これらの必要性がいくつかの国では満たされているが、他の国では満たされていないのを見てきた。とくに、訪問団は、多くの事例において、自身の法的立場を理解できる言語で明白に通知されていない入管収容者に会っている。そのような問題を克服するために、入管収容者に、適用される手続と権利を説明した文書が渡されるべきである。この文書は、入管収容者にとって最も一般的に話される言語で入手可能であり、必要な場合、通訳のサービスが付されるべきである。

31. 弁護士へアクセスする権利は収容期間を通じて行使され、秘密に面会をする権利と関係当局による尋問の間、同席する権利の両方が含まれるべきである。

入管収容者のための収容施設はすべて、医療へのアクセスを提供するべきである。とくに、出身国で拷問を受けたか、あるいは虐待されたかもしれない難民申請者の肉体的かつ心理的な状態に、特別の注意が払われるべきである。医者へのアクセス権には、被収容者が望む場合、彼らが選択する医者によって検査される権利を含むべきである。しかしながら、被収容者はそのような別の検査のコストを負担することを求められるかもしれない。

より一般的には、入管収容者には、収容中に外部世界との接触を維持し、とくに電話にアクセスし、親類および関連する組織の代表者からの訪問を受ける権利が保障されるべきである。

D 国外退去後の虐待の危険

32. 拷問および非人道的もしくは品位を傷つける取扱いまたは処罰の禁止は、拷問または虐待にさらされる実際の危険があると信じる十分な根拠のある国へ追放しない義務を含んでいる。条約の締約国がこの義務を果たしているかどうかは、明らかにCPTにとって相当な関心の対象となる。委員会がその問いに答える行動をするうえでの明確な役割は何であろうか。
33. 拷問または虐待にさらされる危険がある国へ送還されることになるという主張をする人々によって、ストラスブールにてCPTへ提出された申立は、即座にヨーロッパ人権委員会の注目

も集めている。同委員会はそのような申立を調査し、必要なら予防措置をとるうえでCPTより適した地位にある。

　訪問中にインタビューを行った入管収容者（あるいは自由を奪われたすべての人）が、拷問または虐待にさらされる危険がある国に追放されることになっていると主張すれば、CPTの訪問団は、この主張が関連する国の当局に取り上げられ、しかるべき考慮がなされたことを確認することになる。状況によっては、訪問団は被収容者の法的地位を知らせることを要請し、加えて／または被収容者に対しヨーロッパ人権委員会へ問題を提起することができることを知らせてもよい（また、後者の場合、被収容者が委員会に申立書を提出する地位にあることを照合してもよい）。

34.　しかしながら、CPTの実質的な予防機関としての観点においては、決定手続全体が、拷問または虐待の危険がある国に送還されそうな人に対して適切な保障を提示しているかどうかという質問に対し関心を向けるであろう。この関連でCPTは、適切な手続により関係者にこれらの事件を提訴する真の機会が与えられるかどうか、そのような事件を扱うことを託された委員に適切なトレーニングがなされ、他国の人権状況について客観的で独立した情報をもっているか調査することを希望したい。さらに、問題となっている利害の重大性を考慮して、委員会は、国家の領域から一個人が退去することに関する決定が、その履行前に独立した別機関への上訴権があると考慮する。

E　国外退去手続の前後における強制手段

35.　最後に、CPTは、入管収容者の退去の過程で使用された強制手段にいくつかの国々から気がかりな報告を受け取ったことを指摘しなければならない。それらのレポートは、とくに、殴られ、縛りつけられ、さるぐつわをはめられたという主張、および対象者の意志に反する精神安定剤の投与といった内容を含んでいる。

36.　CPTは、当該国の領域にとどまろうと決心している外国人について、退去命令を執行することがしばしば困難な任務になるということは認識している。法執行官は、そのような退去を達成するには、有形力を使用しなければならない場合もあるかもしれない。しかしながら、使用される有形力は合理的に必要なものにとどめられるべきである。とくに、退去命令の対象にある人々にとって、説得して乗り物に乗せる方法として、あるいはそうしなかったことに対する罰として暴行されることは、まったく受け入れがたいことだろう。さらに、委員会は、人にさるぐつわをはめることが非常に危険な手段であることを強調しなければならない。

　CPTはまた、退去命令の対象にある人に対する薬物の投与は、医学的決定に基づき、医療倫理に沿ったうえでのみなされなければならないことを強調したい。

難民申請者の収容に関する適用可能な基準と規範についてのUNHCRガイドライン（修正版）[*1]

1999年2月
国連難民高等弁務官（UNHCR）

1. 国連難民高等弁務官（UNHCR）は、難民申請者の収容は本質的に望ましくないと考える。なかでも、単身女性や、子ども、保護者のいない未成年者、特別な医療や精神的なケアを必要とする人々など、弱い立場にある人々の収容はとくに望ましくない。恣意的な収容からの自由は基本的人権であり、収容を行うことは、多くの場合、国際法の規範や原則に反する。
2. 収容については、1951年「難民の地位に関する条約」[*2]（以下、難民条約）31条が、とくに重要である。31条は、迫害を受けるおそれのある国から直接来た難民が、遅滞なく当局に出頭し、かつ不法入国または不法滞在することの相当な理由を示した場合には、不法入国や不法滞在を理由とした処罰の対象から除外する、としている。同条はまた、締約国は必要な場合を除いてそのような難民の移動を制限すべきではなく、いかなる制限も当該締約国における彼らの地位が合法的なものとなるまでの間、もしくは他の国への入国許可を得るまでの間にかぎってのみ課せられるべきである、としている。
3. したがって、31条によると、収容は必要な場合にのみ行われるべきである。ゆえに、非正規な方法で「直接」来た難民申請者を自動的に収容すべきではなく、また、過度に長期間収容すべきではない。この規定は、難民認定者だけでなく、地位の決定を待っている難民申請者にも適用されるべきである。なぜなら、難民の地位の認定は、ある個人を難民となさしめることではなく、その個人が難民であるということを宣言することだからである。「難民と難民申請者の収容に関するUNHCR執行委員会『結論』44」は、「必要」という単語が意味する、より具体的な基準について考察している。この結論はまた、各国政府に、収容についての指針と、被収容者が保障されるべき一定の手続上の保障についての勧告も提供している。
4. 31条1項にある「直接来る」という言葉は、出身国から、あるいは難民申請者の保護や安全が確保できない他の国から直接、当該庇護国に入ることを指す。直接来るという言葉には、難民申請することなく、もしくは庇護を受けることなく、中継国を短時間で通過した人も含むと考えられている。この「直接来る」という概念に、厳密な時間的制限は適用できない。さらに各々のケースは、実体審査によって判断しなければならない。同様に、難民が置かれている特別な状況、とくにトラウマの影響、言葉の問題、情報の不足、過去の経験によって公権力に対して懐疑的になること、漠然とした不安感、さらにこのような状況に並外れた個人差があることを踏まえると、「遅滞なく」という条件を機械的に適用する期限を設けることはできない。「相当な理由」という表現は、難民申請者が逃れた状況を考慮に入れて判断しなければ

[*1] これらのガイドラインは、難民申請者の収容についてのみ述べている。難民の収容については一般的に国内法に規定されており、それは1951年条約と適用されうる人権法に含まれる原則、規範や基準に服する。
[*2] 1951年7月28日の難民の地位に関するジュネーブ条約。

ならない。このガイドラインで使用する「難民申請者」という言葉は、難民認定手続を行っている人と同様に、申請の受理可能性や難民申請前の適格審査を検討されている人にも適用される。また、自身の難民申請に関して、司法上かつ/または行政上の再審査を請求する権利を行使している人も含まれる。

5. 難民申請者は、処遇に関する基準や規範を定めた多様な国際、かつ地域人権文書によって定められている保護を享受する権利を与えられている。各国家が自国の領域への入国者を管理する権利を有しているがゆえに、それらの権利の行使は個人の行為を制限するための十分な精密さをもって計画され、かつ入手可能な法律の定めに従ってなされるべきである。難民申請者の収容が合法でかつ恣意的にしないためには、それが適用されうる国内法のみならず、難民条約31条と国際法に従うべきである。難民申請者の収容は差別のない方法で行われるべきであり、ある状況下において収容の継続が必要であるという判断は、司法もしくは行政の審査に服さねばならず、その審査には、収容になんら根拠のない場合は放免されるという可能性を伴っていなくてはならない[3]。

6. このガイドラインは、とくに難民申請者の収容を扱っているが、無国籍者の収容の問題も強調されるべきである[4]。無国籍者の多くが難民申請者ではないが、無国籍者の収容に関する記述がこのガイドラインには設けられている。これは、UNHCRが、無国籍者への責任を公的に負っていることと、被収容者に適用可能な国際人権法の基準や規範が一般的に難民申請者と無国籍者双方に適用されるべきことを認めているからである。無国籍者が通常居住をしている国から去った場合に、再び戻る資格を有さないということが、第三国において過度の長期収容や恣意的収容の理由となってきた。同様に、国外にいる間、国籍を剥奪されたり失ったことを理由に、または国籍を証明するものを取得することが難しい状況下にあったため、国籍の証明ができず、国民として認められないことを理由に、その国家が受入れを拒否した個人はどこに送還するかという問題が解決されていないことのみの理由で、長期もしくは無期限収容となってきた。

ガイドライン1:ガイドラインの適用範囲

これらガイドラインは、収容もしくはそれに類似する状況下にあるすべての難民申請者に適用される。このガイドラインの目的のために、UNHCRは収容を次のように考える。すなわち、狭く制限のある場所もしくは制限された場所への拘禁であり、刑務所、閉鎖されたキャンプ、収容施設、もしくは空港のトランジット・ゾーンを含む。そこではすべての移動の自由が実質的に制限され、この制限された場所を去る唯一の手段がその領域を離れることである。収容とその他の移動の自由の制限とは質的な違いがある。

住所や居所上の制限に服しているというだけでは、収容されているとは通常みなされない。

---

[3] 規約人権委員会個人通報No.560/1993、第59期、CCPR/C/D/560/1993。
[4] UNHCRは、無国籍状態となった場合の実務についての国内での法制化について、各国政府へ技術的サービスかつアドバイスを提供するよう要請されてきた。UNHCR執行委員会結論No.78(XLVI) (1995)、総会決議50/152, 1996、Field Office Activities Concerning Statelessness.(無国籍者の取扱いについての地域事務所の活動) (IOM/66/98-FOM70/98)も参照のこと。

難民申請者が拘禁状態にあるかどうかを判断するには、制限が与える影響の蓄積、さらにそれぞれの制限の強さも評価される。

ガイドライン2：一般原則

　一般的原則として、難民申請者を収容すべきではない。

　世界人権宣言14条によると、庇護を求め享受する権利は、基本的人権であると認識されている。この権利を行使する際、難民申請者はしばしばある領域に非正規に到着するか、もしくは入ることを余儀なくされる。それゆえ、難民申請者の立場は、入国に際し合法的な手続に従うことができる立場にないかもしれないという点で、通常の移民の立場と根本的に異なる。この点は、難民申請者がしばしば深く傷ついた経験をもっている事実と同様、非正規入国や非正規滞在を根拠とする移動の自由の制限を決定する際、考慮に入れられるべきである。

ガイドライン3：収容の例外的条件

　難民申請者の収容は、例外的に、以下に述べる理由に基づき、かつ法の一般的規範と原則に適合する国内法に明文化されている場合のかぎりにおいて、することができる。国際人権法の一般的規範と原則は、主要な国際人権文書の中に含まれている[5]。

　収容は必要ないと推定されるべきである。収容に代わる監視（出頭義務や、保証人の要求など［ガイドライン4］を参照）が実行可能であるときは、その代替手段が当該個人に対して有効でないという証拠がないかぎり、代替手段をまず最初に適用すべきである。それゆえに収容は、可能性のあるすべての代替手段を十分に検討するか、監視が合法で正当な目的を果たさないと証明された場合にのみ行われるべきである。

　難民申請者の収容が必要かどうかを評価する際に、それをすることが合理的であるかどうか、そして達成されるべき目的と均衡しているかどうかについて考慮がなされるべきである。もし必要であると判断された場合は、差別なく、また最低限の期間のみ収容されるべきである[6]。

　収容は通常、避けられるべきであるという一般規則の許容されうる例外は、法律によって定められていなければならない。執行委員会結論44（XXXVII）に適合するかたちで、難民申請者の収容は、以下のことが必要な場合にかぎってなされるべきである。

　（i）身分事項を確認する場合

　これは身元確認が不可能にされてしまうか未解決の場合と関係している。

---

[5] 市民的及び政治的権利に関する国際規約（自由権規約、International Covenant on Civil and Political Rights ("ICCPR")）9条1項、子どもの権利条約（UN Convention on the Rights of the Child ("CRC")）37条（b）、ヨーロッパ人権条約（European Convention for the Protection of Human Rights ("ECHR")）5条1項（f）、米州人権条約（American Convention on Human Rights 1969 ("American Convention")）7条2項、人および人民の権利に関するアフリカ憲章（African Charter on Human and People's Rights ("African Convention")）6条。

[6] 自由権規約9条1項、子どもの権利条約37条（b）、ヨーロッパ人権条約5条1項（f）、米州人権条約7条3項、人および人民の権利に関するアフリカ憲章6条、UNHCR執行委員会結論（EXCOM Conclusion (XXXVII)）44。

（ii）難民の地位もしくは庇護の申請を構成する要素を決定するため

これは、難民申請者が例外的に難民申請の根拠を確認するための予備的なインタビューのために収容されることを意味している[7]。これはなぜ庇護が求められるのかということについての本質的な事実を得ることに関わるものであって、申請の実態や、もしくは申請の決定にまで広げて解釈してはならない。この一般原則の例外は、全体の難民認定手続中の収容や無期限収容を正当化するために用いられてはならない。

（iii）旅券または身分証明書を破棄した難民もしくは難民申請者を取り扱う場合、または庇護を申請しようとする国の当局を混乱させる目的で、難民もしくは難民申請者が偽造書類を使用した場合

身分確認の手続に従おうとする誠意が申請者にないことが立証されなくてはならない。非正規の書類、もしくはまったく書類を持たずに旅行をしている難民申請者に関しては、当局を迷わせる意図があるか、協力を拒否した場合にのみ許される。出身国にて書類を何も得ることができなかったためにそれらを持たずに到着した難民申請者は、その理由だけで収容されてはならない。

（iv）国の安全や公の秩序を守る場合

これは難民申請者に犯罪の前科があるか、かつ／あるいは彼または彼女が入国を許可された場合、公共の秩序や国家の安全にとって危険を起こしうることの証拠がある場合に適用される。

上記以外を目的とした難民申請者の収容は、いかなるものであっても、たとえば将来の難民申請者からの申請を抑制する政策の一環もしくは庇護を申請しようとしている人を思いとどまらせるためであっても、国際難民法の原則に反する。難民申請者の収容は、非正規入国もしくはその国で非正規に滞在していることへの懲罰、もしくは懲戒手段として用いられてはならない。行政上の要求に応えることができないため、もしくはレセプション・センターや難民キャンプでの施設の制限があるという理由による難民申請者の収容は避けられるべきである。ノン・ルフールマン原則を考慮すると、収容施設からの難民申請者の逃走は、庇護手続の自動的終了や、出身国への退去強制をもたらすものではない[8]。

ガイドライン４：収容に代わる措置

難民申請者の地位が確定するまで、収容に代わる措置が考慮されるべきである。代替の選択は個々の難民申請者が関係している個人的な環境と一般的な地域の状況の個別的な査定によって左右される。

考慮されうる収容に代わる措置は以下のとおりである。

（i）監視の要求

出頭の要求――難民申請者を放免する条件として難民申請の決定までの間の定期的な

---

[7] UNHCR執行委員会結論44。
[8] 国際的保護に関する小委員会 (Sub-Committee of the Whole on International Protection Note EC/ECP/44 Paragraph 51 (c))。

出頭義務を課すことができる。放免は難民申請者自身の誓約書、加えて／または難民申請者が当局へ定期的に出頭し、申請手続に応じ、かつ聴聞や当局の面会にも出頭することを保証することを求められる家族、NGOもしくは地域社会のグループの誓約書によって行うことができる。

居住地の要求——難民申請者は難民申請の決定までの間、特定の住所もしくは特定の行政地域に住んでいるのであれば、収容されない。難民申請者は自身の住所を変える、もしくは指定された行政地域から出る際には、事前に許可を得ることとする。しかしながら、この規定は移転の主な目的が家族の再統合、もしくは近親者との接近である場合には、非合理に制限されてはならない*9。

(ii) 保証人の用意

難民申請者は、当局との面会や聴聞への出席を保証する保証人を用意するよう要求されることがある。出頭させられなかったときの罰としてよく行われるのは保証金の没収である。

(iii) 放免 (Release on Bail)

この代替措置は、すでに収容されている難民申請者が、誓約書や保証人を用意することによって放免を申請することを指す。放免が真に難民申請者にとって有効な手段となるためには、その要件が非常に高くはないことが知らされなくてはならない。

(iv) オープン・センター

難民申請者は、特定の規定された時間のみ外出許可がなされる集合居住センターに居住することを条件に放免される。

これらの代替措置は網羅的ではない。これらの措置は各国政府に対して、難民申請者に基本的な移動の自由を認める際にどの程度難民申請者の管理をするのかという選択肢を提示しているのである。

ガイドライン5：手続的保障*10

収容に際し、難民申請者は、以下の最低限の手続的保障を与えられるべきである。

(i) 収容の理由と収容に際して保障される権利を、十分に理解できる言語と言葉で迅速にかつ十分に告知されること。

(ii) 法的助言を受ける権利を通知されること。可能ならば、無料の法律扶助を受けるべきである。

(iii) 収容の決定に対して、収容を執行する当局から独立した司法府もしくは行政府による審査を自動的に受けること。その後、収容の継続の必要性について難民申請者もしくは代理人が出席する権利を与えられる場で、継続的に定期的な審査につなげられるべきである。

(iv) 個人で、もしくは代理人を通じて、審査の聴聞の場にて、自由の剥奪の必要性につい

---

*9　世界人権宣言（UDHR）16条、12条。
*10　自由権規約9条2項および4項、子どもの権利条約37条 (d)、ヨーロッパ人権条約5条2項および4項、人および人民の権利に関するアフリカ憲章7条1項、米州人権条約7条4項および5項、UNHCR執行委員会結論44、あらゆる形態の抑留又は拘禁の下にあるすべての者の保護のための諸原則、被拘禁者処遇最低基準規則。

て異議申出ができること、また事実認定に対して異議申出ができること。このような権利は事件のあらゆる側面で尊重されるべきで、収容をする当局の裁量の中にとどめられてはならない。

(v) UNHCR現地事務所、難民を扱っている公的機関、その他の団体、弁護士と連絡をとること。それらと内密に連絡をとる権利、またそのような接触をするための手段が、用意されるべきである。

ガイドライン6：18歳未満の難民申請者の収容[*11]

[ガイドライン2]の「一般的原則」とUNHCRの「難民の子どもについてのガイドライン」に従い、難民申請者である未成年者を収容すべきではない。

この点についてとくに関連があるのは、子どもの権利条約の以下の条項である。

・第2条　締約国は、子どもが、親、法定保護者または家族構成員の地位、活動、表明した意見、または信条を根拠とするあらゆる形態の差別または処罰からも保護されることを確保するために、あらゆる適当な措置をとる。

・第3条　子どもに関わる締約国のすべての行動において、子どもの最善の利益が第一次的に考慮されなくてはならない。

・第9条　子どもは、親の意思に反して親から分離されてはならない。

・第22条　締約国は、同伴保護者の有無にかかわらず、認定された難民の子どもと未成年の難民申請者に適当な保護および援助を与える義務を負う。

・第37条　子どもの拘禁は最後の手段として、かつ最も短い適当な期間でのみ用いられる。

同伴者のいない子どもは、一般原則として収容されてはならない。可能であるならば、庇護国においてすでに住所を有している家族のもとへ放免されるべきである。もしそれが可能でない場合は、同伴者のいない子どもの保護を行うのに適した当局によって、適切な住居と適切な監督を得るという代替的な保護措置がとられなくてはならない。住居もしくは養子養育の割当てについては、子どもの適切な成長（身体、精神両面で）が確保され、長期的な解決が考慮されるよう提供されなくてはならない。

親が同伴している場合の子どもの収容について、すべての適切な代替措置が考慮されなくてはならない。それが家族の統合を維持する唯一の方法でないかぎり、子どもと彼／彼女らの主たる保護者は収容されてはならない。

ほかに当局にとって子どもを収容する以外に何も手段がない場合は、収容は、子どもの権利条約37条に従い、最終的な手段として、かつ最短の期間にとどめられるべきである。

空港、入管収容施設や刑事拘禁施設に難民申請者である子どもを収容するとき、その処遇は刑事拘禁施設に準じたものであってはならない。子どもが収容から解放され、他の施設に移れるよう、あらゆる努力がなされなければならない。それが不可能なときは、子どもとその家

---

*11　自由を奪われた少年の保護に関する国連規則を参照のこと。

族にふさわしい居住空間が作られるよう特別な手配がされなければならない。

収容中も、子どもは教育を受ける権利を有する。釈放後の教育の継続を容易にするため、拘禁施設外で教育を受けることが望ましい。子どもの精神的発達、ストレスやトラウマを軽減するために重要であるリクレーションや、遊びの場が設けられるべきである。

収容された子どもは、大人と同一の最低限の手続的保障（[ガイドライン5] を参照）を受ける。さらに、同伴者のいない未成年者には、法定代理人もしくは助言者が任命されるべきである[*12]。

ガイドライン7:弱い立場にある人の収容

収容されている人の心理状態に収容が深刻な影響を与えているとすれば、以下の弱者のカテゴリーに当てはまる難民申請者の収容については、可能な代替措置が積極的に考慮されるべきである[*13]。

- ・同伴者のいない老人
- ・拷問もしくはトラウマをもつ被害者
- ・精神的もしくは肉体的な障害者

以上の分類に当てはまる人が収容されうるのは、資格を得た医療従事者が、彼／彼女らの健康状態にとって有害ではないということを保証した場合にかぎるとされるのが望ましい。加えて、関連知識をもつ専門家によって定期的に診察され、支援がなされるべきである。被収容者には医療サービス、病院への入院、薬物療法、カウンセリング等へのアクセスが必要な場合は確保されるべきである。

ガイドライン8:女性の収容

女性の難民申請者と若い女性、とりわけ同伴者を伴わずに到着した女性は、収容を強要された場合とくに危険な状態になる。一般原則として、臨月を迎えた女性と乳児を育てている母親は、両者とも特別なニーズがあり、収容は避けられなければならない。

女性の難民申請者が収容されている場合、彼女らは男性の難民申請者とは近親者でないかぎり分かれて収容されるべきである。文化的価値を尊重し、収容施設における女性の身体的安全を向上するために、女性の係官が活用されることが望ましい。

女性の難民申請者は、彼女たちの性別[*14]にかかわらず、差別なく、法的支援や他のサービス、彼女らの特別なニーズに応える特定のサービス[*15]へのアクセスが認められるべきである。

[*12] そのほか、子どもの言葉や文化に精通している大人も、慣れない環境下で孤独にいるために引き起こされる子どものストレスやトラウマを軽減することができる。

[*13] 多くの人が自身の申請についてはっきりと述べることができるが、このことがトラウマの被害者には当てはまらないことは理解されなくてはならない。そのような人に対応する場合には、彼／彼女が抱えている問題が明らかになっていないこともあるために、注意が払われなければならない。また精神障害を抱えている、もしくは1人で混乱している年老いた難民の状況を判断するには、注意と技術を要する。

[*14] UNHCR難民の女性の保護に関するガイドラインを参照のこと。

[*15] とりわけ、1人で旅をしてきた女性については、旅行前や旅行中に暴力や搾取にさらされた可能性が高いので、カウンセリングを必要とする。

とりわけ、婦人科と産科へのアクセスが確保されるべきである。

ガイドライン9:無国籍者の収容

すべての人は国籍をもつ権利と国籍を恣意的に奪われない権利を有する[16]。

無国籍者は、その法の執行によりいかなる国家からも国民であると認められない人々であるが、一般的に収容されている人と同じ基準で取り扱われる権利を有している[17]。無国籍であること、それによって旅券の発行を自動的に申請する国がないことをもって、無期限収容とされてはならない。無国籍であることが放免を妨げる要因となってはならない。収容を行う当局は、どの国へ彼／彼女らが帰国することができるかを決定するために、個々人の国籍を認識し、決定するための実務を通じて、もしくは彼／彼女らの再受入れを調整するために住居を有していた国との交渉を通じて、案件の解決のためのあらゆる努力をしなくてはならない。

この点において深刻な困難があるときは、無国籍者に対する責務に準ずるかたちでのUNHCRの技術サービスや助言を要請することができる。

ガイドライン10:収容中の処遇[18]

難民申請者の収容中の処遇は、人間の尊厳を尊重した、人道的なものであるべきである。その処遇は法律によって定められるべきである。

拘禁された難民申請者の扱いについては、関係する国際法と国際的基準の原則を参照のこと。とくに関連するのは、1988 UN Body of Principles for the Protection of All Persons under Any Form of Detention or Imprisonment（1988年あらゆる形態の抑留または拘禁の下にあるすべての者の保護のための諸原則）、1955 UN Standard Minimum Rules for the Treatment of Prisoners（1955年被拘禁者処遇最低基準規則）や、1990 UN Rules for the Protection of Juveniles Deprived of their Liberty（自由を奪われた少年の保護に関する国連規則）がある。

とくに以下の点は重要である。

（i）収容施設外で最初のスクリーニングがなされ、［ガイドライン7］に従った処遇をするためにトラウマや拷問の被害者が認識されること。

（ii）拘禁施設内で男性と女性、子どもと大人（近親者でない場合）が分離されていること。

（iii）難民申請者のための施設が区別して用いられること。刑務所の利用は避けられるべきである。収容施設が区別されていない場合、難民申請者は既決囚もしくは刑事被告人と分離して収容されるべきである。収容者と刑事拘禁者は一緒にされるべきではない。

（iv）友人や親戚、宗教・生活・法律上の助言者と定期的に連絡をとったり、面会できること。それらの面会を可能にするための施設が設置されるべきである。そのことを妨げる正当な

---

[16] 世界人権宣言第15条、UNHCR執行委員会結論78。
[17] 自由権規約10条1項、あらゆる形態の抑留又は拘禁の下にあるすべての者の保護のための諸原則、被拘禁者処遇最低基準規則、自由を奪われた少年の保護に関する国連規則。
[18] 同上。

理由がないかぎりは、可能なかぎりそれらの訪問が内密に行われるようにするべきである。

（v）適切な医療を受け、必要な場合には精神面のカウンセリングを受けること。

（vi）毎日、屋内や屋外でのリクレーション活動を通じて運動ができること。

（vii）教育または職業訓練を継続できること。

（viii）宗教活動と宗教に沿った食事ができること。

（ix）たとえばベッド、シャワー、トイレなど基本的な必需品へのアクセスがあること。

（x）収容当局に直接もしくは秘密裏に届けられる不服申立機関（異議申出手続）にアクセスできること。異議を申し立てる手続はさまざまな言語で表示され、被収容者が見ることができる場所になくてはならない。

結論

非正規の入国を理由に難民申請者の移動の自由を制限する手段として収容の利用が増加していることは、政府と同様にUNHCR、NGO、その他の機関にとっても主要な関心事である。この問題は簡単ではないが、これらのガイドラインは収容の際に適用される法的基準や規範について言及している。

非正規入国に関して政府が懸念を抱いていることを表明するために収容を利用することは、国際保護制度に基づく根本的な原則を蝕むことがないよう、運用に際しては非常な注意が必要である。

入管問題調査会

〒160-0016 東京都新宿区信濃町20 佐藤ビル201 現代人文社気付
留守電／FAX　0426-37-8566　Eメール　irtf@genjin.jp
http://www2.odn.ne.jp/nyukan/

入管収容施設
スウェーデン、オーストリア、連合王国、そして日本

2001年12月30日　第1版第1刷発行

編　者	入管問題調査会
発行人	成澤壽信
編集人	西村吉世江
発行所	株式会社 現代人文社
	〒160-0016 東京都新宿区信濃町20 佐藤ビル201
	Tel.03-5379-0307（代）　Fax.03-5379-5388
	daihyo@genjin.jp（代表）　hanbai@genjin.jp（販売）
	http://www.genjin.jp
発売所	株式会社 大学図書
印刷所	株式会社 シナノ
装　丁	加藤英一郎

検印省略　Printed in JAPAN
ISBN4-87798-071-7 C0036
©2001 by Nyukan-Mondai-Chosakai